# INTELIGENCIA ANGELICAL

## YEHUDÁ BERG

# DEDICATORIA

Para el ángel siempre constante de mi vida, mi guardián silencioso, mi inspiración serena, al corazón que palpita y alimenta cada parte de mi ser, al alma del Centro de Kabbalah, mi líder espiritual, mi madre. Te quiero, desde el principio del tiempo hasta que dejemos de necesitar de este proceso físico; hasta la eternidad. Gracias por todo lo que me has dado. Con todo lo que pueda llegar a hacer, nunca podré devolverte toda la Luz que has compartido conmigo.

# AGRADECIMIENTOS

A aquellas personas que me ayudan a mejorar mi vida cada día: a mis padres, el Rav y Karen, a mi hermano Michael, a mi esposa Michal y a nuestros hijos. Y a todos aquellos que con sus dones y su apoyo participan esencialmente en la revelación de esta sabiduría: Batsheva Segev, Paul Wolfe, Billy Phillips, Susan Golant, Peter Guzzardi, Hyun Min Lee y Phyllis Henrici. ¡Gracias a todos!

# ÍNDICE

**Parte II: CONOCER A LOS JUGADORES AYUDA**

## Parte III: ENVÍAME UN ÁNGEL

## Parte IV: LA PROMESA DE LA INMORTALIDAD

# PREFACIO

¿Alguna vez has sufrido de soledad ? ¿Has sentido por momentos que estás absolutamente sólo luchando en este mundo? Si es así, quizá te tranquilizará saber que existen millones de ángeles para servirte de guía a través de tu viaje. Habrá ángeles que te pondrán a prueba y ángeles a los que podrás invocar para inspirarte. Con este libro podrás reconocer la manera en que los ángeles trabajan para darle forma a tu mundo, y cómo tus acciones tienen el poder para crearlos, ya sea para bien o para mal. Al ir descubriendo el papel que desempeñan las inteligencias angelicales en tu vida, obtendrás un conocimiento que te dará fortaleza y confianza inclusive ante el más temible de los desafíos.

La gran mayoría de los norteamericanos —cerca del 98 por ciento— cree en la existencia de los ángeles. Por lo tanto, es muy probable que formes parte de este grupo. ¿Pero te has detenido alguna vez a pensar qué significa decir que crees en los ángeles? ¿Son acaso esos lindos querubines gordinflones que decoran las pinturas italianas del siglo XVII? ¿O son seres luminosos y alados vestidos de blanco que aguardan tu llegada en las puertas perladas? Tal vez lo que venga a tu mente sean ciertos actores que has visto en películas, por ejemplo el desaliñado John Travolta interpretando a Michael, el ingenioso Will Smith en "La Leyenda de Bagger Vance" o el ángel más serio que visita a un estresado Jimmy Stewart en "¡Qué bello es vivir!". Es posible que creas que un ángel es un ser querido que ha fallecido y que cuida de ti desde su pedestal, que te ayuda para que no desvíes tu camino y te protege de todo daño. O tal vez pienses que simplemente forman parte del azar del universo.

Puede que no comprendas por qué los ángeles parecen ir y venir o por qué algunas personas son capaces de verlos mientras que otras no pueden. Quizá alguien los esté dirigiendo, posiblemente Dios. Tal vez creas que eres el títere inconsciente de los ángeles, que son seres que te llevan por el teatro de la vida sin que tú puedas intervenir en su participación o en el resultado final.

Lo único que puedo decir acerca de todas estas creencias sobre los ángeles es que debes estar preparado para revisarlas. Tu mente está a punto de dar un vuelco en este sentido. No obstante, para entender el enfoque kabbalístico sobre los ángeles, es preciso que sepas un poco más acerca de la Kabbalah.

La Kabbalah es una sabiduría que se entregó a la humanidad hace más de cuatro mil años; es una tecnología que te enseña cómo vivir una vida plena y convertirte en el creador o en el dueño de tu propio universo. Y precisamente los ángeles te suministran la infraestructura para que puedas lograrlo... o fallar en el intento. Sin embargo, para utilizar y maximizar el apoyo que los ángeles te ofrecen, necesitas comprender la inteligencia angelical, cuya información está contenida en el *Zóhar*.

La Kabbalah enseña que la Biblia es un docum
que explica el universo en un lenguaje secreto.
es el libro que contiene la sabiduría eterna. El *Zóhar* o *Libro del Esplendor,* base y cuerpo principal de las enseñanzas de la Kabbalah, es el manual de instrucciones que decodifica la Biblia. Si la Biblia es la primera gran revelación de la sabiduría sagrada, entonces el *Zóhar* es la segunda, ya que pone a nuestra disposición las herramientas espirituales necesarias para la vida diaria y nos explica las leyes del universo, de la Creación y del alma humana.

El *Zóhar* explica el significado de los ángeles y la razón por la cual están aquí para ayudarte. Además, ayuda a aclarar el modo de manejar las relaciones personales con los ángeles, pues permite entender el impacto de los ángeles en cada una de tus acciones y pensamientos, así como el modo en que tú también los afectas a ellos. En la primera parte del libro compartiré contigo todos estos importantes aspectos de la inteligencia angelical.

Por supuesto, existen muchos lugares en los que puedes estudiar los aspectos académicos de la Kabbalah y se han escrito muchos libros sobre los ángeles; sin embargo, el propósito de la vida no es acumular información. ¿Qué importancia tiene cuánto sabes si no te sientes pleno? Piénsalo de esta manera: puedes estudiar todas las jugadas de fútbol americano y ser un experto en la historia de este juego, pero eso no te enseñará a pasar el balón, a quitárselo a tu oponente o a disfrutar del juego una vez que te encuentres en el campo. En la segunda parte de *Inteligencia Angelical,* te presentaré a los jugadores —los ángeles clave del universo— para que sepas quiénes son tus aliados y tus oponentes. Comprender sus fortalezas y sus debi-lidades te ayudará a jugar el juego; el juego de la vida.

Pero leer sobre los ángeles no es suficiente; también necesitas herramientas prácticas y accesibles. El propósito del Centro de Kabbalah y de éste libro es *enseñarte a jugar el juego de la vida* y ayudarte a crecer y mejorar como persona. En la tercera parte, aprenderás no sólo acerca del increíble poder de los ángeles, sino también de la tecnología que puedes utilizar para acceder a ellos directamente y absorber su inteligencia para tu propio poder y crecimiento.

# 1

# COMPRENDER NUESTRO BRILLANTE UNIVERSO

LA KABBALAH ENSEÑA QUE LOS
ÁNGELES EXISTEN EN CADA
MOLÉCULA, EN CADA PENSAMIENTO,
EN CADA BRIZNA DE AIRE QUE RES-
PIRAMOS. DE HECHO, NUESTRO
MUNDO ESTÁ COMPUESTO DE MILLO-
NES DE ÁNGELES. ELLOS SON UNA
PODEROSA HERRAMIENTA ESPIRITUAL
QUE SE NOS BRINDA PARA AYU-
DARNOS EN NUESTRA TRANSFORMA-
CIÓN PERSONAL. SOMOS NOSOTROS
MISMOS, CON NUESTROS PEN-
SAMIENTOS Y ACCIONES, LOS QUE
ACTIVAMOS LA DIMENSIÓN QUE
HABITAN LOS ÁNGELES Y LOS
ATRAEMOS A NUESTRA VIDA: PARA
BIEN O PARA MAL.

# 1. EL PODER DE LOS ÁNGELES

Los ángeles no son lo que quizá pienses que son. De hecho, más que ser lindos, divertidos o manipuladores, la Kabbalah enseña que los ángeles son una fuerza asombrosa. Se encuentran a tu alrededor y dentro de ti, y penetran en cada uno de tus pensamientos y acciones.

¿Sabías que cada pequeña cosa que sucede en tu vida es el resultado directo de una intervención angelical? ¡Absolutamente todo! ¿Te mordiste la lengua? ¿Te golpeaste el dedo del pie? ¿Apretaste el acelerador cuando querías frenar? ¿Diste un martillazo a tu pulgar en vez del clavo? ¿Perdiste tu cartera? ¿Te resbalaste y te lastimaste la espalda? ¿Te caíste de la escalera?

¿Son todos estos incidentes del azar? ¿Consecuencias de tu estupidez? Casi nunca. Además, ¡tú no eres tan estúpido! ¡Nadie es tan estúpido! Contratiempos como éstos, que causan dolor físico o emocional, provienen de una fuerza energética que la Kabbalah denomina "ángeles". Son los ángeles los que te empujan a cometer una estupidez. Esta es la mala noticia. Pero también hay un lado positivo en esta historia.

De la misma forma que cada incidente negativo de tu vida proviene de los ángeles, lo mismo ocurre con los sucesos positivos. Sin saber por qué, has girado a la derecha en vez de a la izquierda y pasas por delante de la casa que siempre soñaste tener; allí está, y además está en venta y a un precio asequible para ti. O a un compañero de trabajo se le ocurre presentarte a otro colega —alguien que ha trabajado cerca de ti durante años—, que resulta ser un gran tipo. Se enamoran el uno del otro y contraen matrimonio. O tu jefe, que parecía no saber de tu existencia, te propone para un ascenso y obtienes esa cuenta tan importante que deseabas. Tu vida está repleta de buena fortuna y alegría.

Sin embargo, ¡los ángeles no hacen magia! Ellos no escribirán un libro por ti ni te darán un aumento de sueldo. Pero serán la inspiración para que éstas y otras cosas maravillosas ocurran en tu vida. Son ellos quienes pueden activar el pensamiento de tu jefe para que diga: "¿Qué pasa con Stan? Démosle una oportunidad". Nada ocurre sin la participación de una influencia invisible en nuestras vidas. ¿Y cuál es esa influencia invisible? Los ángeles, por supuesto.

# 2. LA INFRAESTRUCTURA DE NUESTRO UNIVERSO

Los físicos del siglo XXI han llegado a la conclusión de que nuestro universo funciona bajo la jurisdicción de lo que ellos llaman el "Principio de incertidumbre". ¿Qué significa esto? Es muy sencillo. El pensamiento que tenemos sobre la dirección hacia la cual una partícula se moverá, afectará a dicha dirección. Esto significa que nuestras acciones, e incluso nuestras intenciones, alteran y determinan la realidad.

Ya no podemos seguir confiando en nuestros viejos y conocidos parámetros de pensamiento sobre la vida. Los físicos afirman, que existen fuerzas de energía de conciencia ahí afuera, y que influencían nuestra vida cada nano segundo de cada día, a pesar de que no seamos consientes de ello. Estas fuerzas invisibles pero poderosas ejercen un dominio sobre nuestras mentes y cerebros, así como también sobre lo que percibimos como "realidad".

¿Qué son estas fuerzas? Ángeles.

Así es como la antigua sabiduría de la Kabbalah llamaría a estos diminutos paquetes de energía inmaterial.

*No existe ni una brizna de hierba en la tierra que no posea una fuerza sobrenatural que actúe sobre ella en los mundos superiores. Cada cosa que hacemos o que nos hacen se encuentra bajo el dominio de la fuerza sobrenatural designada para ello desde arriba.*

El *Zóhar* nos enseña que existe un ángel para cada brizna de hierba. Los ángeles son la tubería, el cableado y los conductos internos del mundo. Esta afirmación por sí sola tiene innumerables implicaciones: aunque nuestras vidas parezcan gobernadas por la casualidad, el universo posee en realidad un sistema y una estructura invisible.

Todo tiene un propósito, a pesar de que no seamos capaces de percibirlo por la limitación de nuestros sentidos. Puede parecernos paradójico, pero la Kabbalah nos enseña que cuando algo nos parece absurdo, es probable que nos encontremos en la dirección correcta.

# 3. MILLONES DE ÁNGELES A TU ALCANCE

Como los ángeles están en todas partes, proveen una cantidad inimaginable de fuerza de trabajo. Los hay por miles de millones. A continuación te presento una buena forma de comprender su cuantía infinita.

Los kabbalistas explican que ningún ángel interviene jamás en el funcionamiento de otro ángel. Esta es una de las leyes básicas de los seres angelicales. Un ángel no puede tener dos funciones y dos ángeles no pueden compartir la misma función. Si miras con detenimiento tu dedo meñique, verás que tiene tres articulaciones. ¡El movimiento de cada célula de cada articulación está dirigido por un ángel distinto! Por lo tanto, cada movimiento de cada célula de la articulación de tu dedo tiene su propio ángel y cada uno de estos ángeles tiene a su vez una cantidad ilimitada de subángeles. Por consiguiente, podemos decir que millones de moléculas y células, cada una con su propio ángel, están participando en la flexión de tu dedo.

Hace miles de años, los kabbalistas puntualizaron que la estructura del universo está compuesta de tres fuerzas de energía clave, a las que denominaron "columnas"; y al sistema del universo lo llamaron "Sistema de Tres Columnas". La Columna Derecha es positiva; la Columna Izquierda es negativa; y la Columna Central es neutral. Este Sistema de Tres Columnas funciona en todos los niveles del universo, desde la disposición de las moléculas de un copo de nieve hasta la amplia variedad de estrellas más allá de la Vía Láctea.

Puesto que la articulación de tu dedo es un miembro acreditado del universo, el Sistema de Tres Columnas también es aplicable a ella. Por lo tanto, cada célula de la articulación de tu dedo tiene un aspecto de Columna Derecha, otro de Columna Central y otro de Columna Izquierda, así como un ángel para cada aspecto.

Ahora multiplica esa cantidad de ángeles por tres —las tres articulaciones de tu dedo meñique—, después por cinco —los cinco dedos de tu mano—, y nuevamente por dos —tus dos manos—; ahora piensa en todos tus dedos moviéndose y visualiza los niveles y subniveles infinitos de ángeles que esa acción requiere. Luego, imagina la complejidad que entraña todo tu cuerpo, incluyendo todos los pensamientos, puesto que estos también son activados por los ángeles.

Y esto es solo el comienzo. Figúrate los pensamientos de todas las personas del mundo: ángeles sin fin extendiéndose hacia el infinito. Multiplica el resultado por cien, por mil, por millones y miles de millones de animales, plantas, rocas y olas marinas que existen en este universo. Esto te da una idea estimada del sentido y la inconmensurable amplitud que tiene la influencia de los ángeles en nuestra vida.

Con esto en mente, piensa en lo que significa quitarle la vida a otro ser humano. Es casi incomprensible. Si es necesaria una red tan extensa de fuerzas angelicales para mover un dedo, ¿podemos siquiera llegar a concebir el valor de otra vida humana? Es por eso que las Sagradas Escrituras dicen que si salvas una vida, es como si salvaras al mundo. Y viceversa: si le quitas la vida a alguien es como si destruyeras al mundo.

**Ahora imagina la inmensidad y el poder del Creador que creó todo esto... ¡Y acto seguido, piensa en todos los ángeles de todas las interacciones y todos los movimientos de los seis mil millones de personas que habitan la Tierra!**

La cantidad total de ángeles necesarios para mantener este gran motor al que llamamos vida es verdaderamente asombrosa. Se trata de una fuerza de trabajo espiritual infinita, una red ilimitada de conjuntos de energía diseñados con una tarea única y singular: respaldar o entorpecer nuestro crecimiento espiritual.

Este es nuestro universo reluciente, milagroso, de Luz.

# 4. ÁNGELES ATÓMICOS

Durante miles de años la Kabbalah ha enseñado que los ánge-les se encuentran en todas partes. Pero lo que es realmente sorprendente, es que la ciencia afirma lo mismo en la actuali-dad. Cada segundo del día, millones, trillones y cuatrillones de partículas cobran o pierden su existencia. Y no somos con-scientes de que aquello que la ciencia llama "partículas" y lo que la Kabbalah llama "ángeles" son la misma cosa. De hecho, la Kabbalah otorga validez a la ciencia. Los físicos han descu-bierto que el espacio rebosa de megatoneladas de energía. Pero la Kabbalah afirmó esta verdad hace dos mil años. ¡La ciencia está simplemente alcanzando a la Kabbalah!

Ahora retrocede unos miles de años. ¿Cómo explicarías la idea de la estructura atómica a simples campesinos y pastores? ¿Cómo les explicarías que existe una fuerza positiva con una carga positiva llamada protón, una fuerza negativa con una carga negativa llamada electrón y una fuerza central de resistencia llamada neutrón? Ellos no creerían en tu palabra. Querrían ver para creer y tú no podrías demostrarlo sin acele-radores de partículas (ya sabes, los que rompen en pedazos los átomos), microscopios electrónicos y otros equipos actuales de alta tecnología. El gran Kabbalista italiano del siglo XVIII, Moshe Jaim Luzatto, nos dice que no podemos ver el mundo invisible con nuestros cinco sentidos.

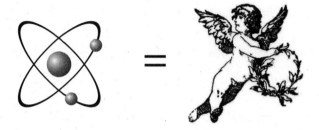

Puesto que los kabbalistas de hace dos mil años no contaban con dispositivos para explicar los protones, electrones y neutrones —la fuerza positiva, la fuerza negativa y la resistencia—, ¡ellos representaron esta energía como un querubín alado! El ala derecha es la carga positiva, el ala izquierda es la carga negativa y el cuerpo que se halla entre ambas es el neutrón: el Libre Albedrío o la fuerza de resistencia. Estas imágenes y metáforas nos han sido dadas para ayudarnos a comprender el concepto del Sistema de Tres Columnas que mencioné previamente. Así fue como surgió la idea del ángel como querubín alado, ya que su ilustración nos ayuda a conceptualizar las partes de una realidad que no podemos ver.

Lamentablemente, muchos de nosotros todavía tomamos de manera literal esta imagen, y eso puede crearnos confusión. Cuando alguien se refiere a los ángeles como criaturas con dos alas y un halo, flotando en una túnica etérea, lógicamente los escépticos lo encuentran difícil de creer. Y ciertamente puede sonar ridículo. No obstante, cuando los científicos afirman que todo el espacio vacío que nos rodea está lleno de energía invisible y llaman a estos paquetes de energía átomos, electrones, protones, leptones, neutrinos o quarks, aceptamos la explicación. Y aun cuando no podemos tocar ni ver estas partículas, nos decimos: "Ah, claro, la energía atómica está en todas partes".

Ahora bien, cuando los kabbalistas nos dicen que el universo está repleto de energía angelical y explican que esta energía está en todas partes, están afirmando lo mismo que los físicos. En definitiva, lo que nos confunde es el lenguaje.

Todos estamos compuestos de átomos; son las partículas que nos dan existencia. Pero los átomos no son físicos; en realidad, menos del 1 por ciento del átomo es físico. Los descubrimientos más recientes de la física revelan que los átomos no son más que vibraciones. Estas vibraciones crean la ilusión del aspecto físico de las cosas. Los átomos son solo energía. Los átomos son los ángeles. Y la mayoría de las personas, el 98 por ciento de los que creemos en ellos, tenemos el presentimiento de que existe algún tipo de fuerza angelical. Podemos sentirla, pero puede que nos resulte difícil explicarla... hasta ahora.

# 5. CREAR ÁNGELES

¿De dónde provienen los ángeles? Algunos de ellos, como tu Ángel Guardián, los Arcángeles y Satán (el Ángel de la Muerte) son una parte permanente de nuestro universo lleno de Luz. Hablaremos sobre ellos en la segunda parte de este libro. Pero por ahora, hablemos de aquellos ángeles que hemos creado nosotros mismos, los llamados ángeles temporales.

Sí, has leído bien. Nosotros creamos nuestros propios ángeles. El gran Kabbalista Rav Isaac Luria, el Arí, vivió en las colinas del norte de Israel en el siglo XVI. Se dice que su desarrollo espiritual era tan avanzado, que podía leer toda la vida de una persona con sólo mirar su frente. El Arí nunca escribió una palabra durante su estadía en la Tierra, pero su influencia fue tan profunda, que sus enseñanzas, registradas por sus estudiantes tras su muerte, llenaron muchos libros conocidos como *Kitvé Arí* o *Las Escrituras del Arí*.

Rav Isaac Luria enseñó que los ángeles temporales son fuerzas de energía, tanto buenas como malas, creadas por nuestras palabras, actos e intenciones.

*Hay ángeles que pertenecen a Asiyá o el Mundo de la Acción, y son creados solo por nuestros actos, independientemente de cuáles sean nuestras intenciones.*

*También existen los ángeles de Briá, el Mundo de la Creación, que son seres creados por la intención de la persona y por su pensamiento, por la mente.*

Los kabbalistas nos dicen que cada acción que realizamos, cada pensamiento que pasa por nuestro cerebro y cada palabra que pronunciamos, crean un ángel positivo o uno negativo. Estos ángeles cobran existencia de forma constante.

Pese a que nuestra vida parece ser una azarosa secuencia de sucesos buenos y difíciles, esto no es así. Solo nuestra falta de conciencia hace que la vida parezca arbitraria. Al final, nosotros somos los responsables de nuestras vidas. Los ángeles simplemente nos ayudan a manifestar lo que nos hemos ganado, ya sea el colapso del disco duro de nuestra computadora o un esposo maravilloso.

¿Qué podemos aprender de todo esto? Algunas lecciones muy importantes.

# 6. EL PODER DE LOS ÁNGELES NEGATIVOS Y POSITIVOS

Si saltas al vacío —seas quién seas— la ley de la gravedad tendrá efecto sobre ti, la comprendas o no. Es más que probable que como consecuencia sufras dolores y daños, o algo peor. De la misma forma, los ángeles son paquetes de energía que te afectan, seas o no consciente de su influencia. Aun cuando no "creas" en ellos, seguirán teniendo un impacto directo en tu vida. Los ángeles no son entidades pasivas; ellos ejercen su energía.

**Y he aquí la primera lección: ¡ten cuidado! Cada palabra dura, cada acción negativa contra otro ser humano y cada impulso egocéntrico negativo engendran un ángel negativo que te bloquea y entorpece.**

**¿Has maldecido o has sido desdeñoso? ¿Has tenido relaciones con la esposa de tu mejor amigo? ¿Has engañado a un cliente? ¿Le has gritado a tu hijo? ¿Has desairado a un viejo amigo? ¡Zas! Acabas de dar existencia a ángeles negativos.**

Entonces, cuando ocurren cosas malas, puede que quieras levantar el puño al cielo y protestar: "¡Dios, tú has hecho que me ocurra esta tragedia!". Sin embargo, no es así como funciona el universo. Los ángeles negativos que creamos son la causa del caos y la destrucción. Ellos cubren nuestros ojos cuando conducimos, para que no podamos "ver" el coche que circula en el carril contiguo mientras nos preparamos para rebasar. Ellos causan estragos en nuestras relaciones. Piensa en la cantidad de veces que has intentado comunicarte con alguien y no has podido. Cuanto más te esfuerzas para que el otro te comprenda, más confusa se vuelve la situación. Continúas pensando que una sola frase, una explicación más lo aclarará todo, pero la otra persona no hace más que enojarse o distanciarse más de ti y acabas por preguntarte si están hablando el mismo idioma.

Los ángeles negativos te ciegan. Colocas las llaves sobre tu escritorio, pero éstas desaparecen. Las buscas por todos lados, abres cajones, revuelves tus papeles, pero no puedes encontrarlas por ninguna parte. Entonces regresas al lugar donde deberían estar, y allí están. ¿Cómo es posible que las llaves estén sobre tu escritorio si hace un momento no estaban? ¿Estás perdiendo la razón? No. La verdad es que estás experimentando la existencia de los ángeles. En algún momento, a causa de una palabra o una acción, creaste un ángel negativo y ahora él está jugando con tu mente, haciéndote perder tiempo y causándote frustración y dolor. Desgraciadamente, la fuerza negativa tan solo está haciendo su trabajo. Ahora puedes ver por qué los rasgos negativos como el enojo, los celos, la culpa, la vergüenza, la agresividad, el miedo y la depresión no son simplemente estados no deseados o desagradables. Son mucho peores, ya que son tóxicos para nuestros cuerpos y almas. Debemos ser cautelosos y defendernos de ellos como si fueran un virus o un veneno que se infiltrara en nuestro cuerpo.

**He aquí, pues, la segunda lección: la Kabbalah enseña que no importa dónde te encuentres ni lo que hayas hecho; también puedes crear ángeles positivos que te bendigan y te ayuden en tu crecimiento. ¿Ofreciste ayuda y una palabra amable? ¿Te ocupaste de tu vieja tía enferma sin esperar ninguna recompensa a cambio? ¿Dejaste pasar a aquel conductor primero? ¿Admitiste un error personal y resolviste corregirlo? ¿Decidiste no reaccionar ante una provocación de tu madre? ¡Bum! Has creado ángeles positivos en tu vida.**

Lo positivo es tan real como lo negativo. Cuando ayudas a una persona en vez de perjudicarla, cuando compartes en lugar de tomar sólo para ti mismo, cuando te comportas de forma proactiva en vez de reactiva, cuando te conviertes en la causa de tu vida y no solamente en el efecto de fuerzas externas, das nacimiento a ángeles positivos.

Si te detienes a pensar cuántas de estas fuerzas están naciendo a cada segundo, empiezas a comprender el poder que tienes para crear tu propia realidad. La Kabbalah describe este proceso como "marionetas invertidas". Cuando vemos una presentación con títeres, solemos imaginar a los titiriteros manipulando los hilos detrás de la cortina y haciendo que las marionetas hablen, corran, canten y salten en el escenario. Por el contrario, en el universo kabbalístico, las marionetas —es decir tú y yo— controlamos los hilos. Nuestras acciones aquí abajo en la Tierra mueven el Cielo allí arriba. El Creador hizo este mundo de forma que nosotros tuviéramos el poder y estuviéramos a cargo. Él lo creó para que fuéramos responsables de nuestras vidas y nuestras elecciones.

Es probable que hasta ahora no hayas sido consciente de este asombroso poder. Ahora que sabes que lo tienes, ¿qué harás con él?

# 7. ¿POR QUÉ EXISTEN LOS ÁNGELES?

¿Por qué existen los ángeles? Responderé a esta pregunta con otra pregunta: ¿Por qué existimos? ¿Cuál es el propósito de nuestras vidas? La Kabbalah nos enseña que nuestro propósito es encontrar la plenitud y convertirnos en los dueños de nuestro propio universo. Al completar nuestra corrección individual (*Tikún*), que fue en primer lugar, lo que es lo que nos llevó a habitar este mundo; podemos regresar a nuestro estado original de ser como Dios.

¿Qué es lo que ésto significa? Puede resultar útil pensar en la vida como si fuera un partido de fútbol americano: para ser el jugador o el equipo número uno de tu liga de fútbol —para alcanzar la plenitud— debes superar muchos obstáculos dentro de las reglas del juego establecidas: los equipos contrarios, la gravedad, la condición del campo de juego, el clima, el rebote impredecible del balón. Todos estos son factores que te empujan a ser lo mejor posible en el juego del fútbol. Ciertamente, para poder alcanzar la plenitud y convertirte en lo mejor que puedes llegar a ser, debes superar los desafíos y las dificultades excéntricas de la vida.

¿Por qué todos anhelamos alcanzar la plenitud? Según la sabiduría kabbalística, este anhelo se remonta al tiempo antes del tiempo: al Mundo sin Fin, cuando todos éramos uno solo con la Luz del Creador, la Fuerza Infinita de compartir, de dar y de la plenitud. La Luz es la energía del universo, la Fuerza de Luz del Creador. Pero como compartir requiere un contenedor para sostener la beneficencia de ese acto de compartir, la Luz creó un receptor infinito. En la Kabbalah llamamos a este contenedor "Vasija", y su propósito era recibir todo aquello que la Luz tenía para compartir. La Vasija quería todo lo que la Luz tenía para ofrecer y la Luz le daba todo lo que tenía; durante un tiempo existió una armonía completa y perfecta.

Pero aquello cambió. Junto con los otros dones del Creador, la Vasija también absorbió la naturaleza de compartir de la Luz y, como consecuencia, quiso también compartir. Sin embargo, la Luz no podía recibir, sino sólo dar. Puesto que la única intención del Creador era complacer a la Vasija, el Creador retiró la Luz y así comenzó el proceso que llevó a la creación de nuestro universo físico —el Big Bang, el tiempo, el espacio, el movimiento, todas las almas de la humanidad—, un dominio en el que podemos ser la causa y los creadores de nuestro propio destino, en el que tenemos la posibilidad de compartir, donde podemos exhibir nuestra naturaleza divina y conectarnos nuevamente con la Luz para regresar a la plenitud original de Luz Infinita.

Todos descendemos de esa Vasija original. Hemos creado un juego mediante el cual tomamos un cuerpo, nos olvidamos de nuestra naturaleza divina y venimos a un mundo de desafíos y dificultades, de caos y de sufrimiento para superar, compartir, crear, resolver y después recorrer nuestro camino de regreso a la Luz. Hacemos esto porque es la forma en que logramos la plenitud verdadera. En el trayecto pasamos por la confusión y la duda para descubrir la claridad y la certeza; pasamos por momentos de indecisión y ambivalencia para descubrir la decisión y nuestra dedicación a los demás; y pasamos por luchas y sufrimiento para elevarnos y superar nuestras limitaciones. Este es el juego y el motivo por el que jugamos. Lo hacemos porque queremos revelar la Luz que hay en nuestro interior.

En nuestro universo existe una estructura inteligente: las fuerzas y los ángeles positivos y negativos, que están allí para ayudarnos o desafiarnos en nuestra búsqueda para reconectarnos con quiénes éramos y deberíamos ser y con la plenitud que esperamos de la Luz del Creador. *Este es el secreto que explica la existencia de los ángeles.* Ellos actúan como un sistema de cableado que nos ayuda a conectarnos con el Creador y con el universo no-físico. Los ángeles son nuestro puente con el Creador, son la infraestructura de nuestro universo, una infraestructura que podemos controlar. Por eso los ángeles nos ayudan a ser la causa y los creadores de nuestro propio destino. Ellos proveen un sistema de responsabilidad total.

Cuando comprendemos la naturaleza de la inteligencia angelical, podemos aceptar por completo la idea de que nada en este universo ocurre por azar y que nosotros somos la causa de todo lo que sucede en nuestra vida. Este es un pensamiento desalentador pero poderoso a la vez. Por un lado, podemos decir: "¡Asombroso! Puedo hacer que mi vida sea como yo quiero que sea, para bien o para mal". Por otro lado, podemos decir: "¡Esta es una responsabilidad enorme!". Y, por cierto, ambos pensamientos son correctos.

Ahora bien, ¿por qué necesitamos este sistema de cableado para conectarnos con el Creador? ¿Por qué no podemos conectarnos directamente con la Luz?

# 8. EL SISTEMA DE CABLEADO

La Kabbalah enseña, y los físicos de la Teoría de Supercuerdas concuerdan, que el mundo es un vasto lugar espiritual. Lo que parece permanente (simplemente da un golpe sobre la mesa) es mera apariencia, una gran ilusión creada por miles de millones de átomos en vibración. Recuerda que los científicos han confirmado que el átomo —y, por lo tanto, la materia en sí misma— es en su mayoría espacio vacío, aun cuando a nuestros ojos parezca sólido.

Sí, este "mundo real" de los auriculares y las hamburguesas, de los televisores y los cepillos de dientes, este mundo que vemos, escuchamos, saboreamos, tocamos y olemos no es el cuadro completo. De hecho, es más bien una fotografía instantánea que nos da una visión muy pequeña de toda la imagen; es tan solo el 1 por ciento de la verdadera historia, de la verdadera realidad.

Me gusta referirme a este "mundo real" como el Mundo de las Preguntas, particularmente de aquellas para las que no hallamos respuesta. Y ciertamente tenemos muchas preguntas profundas: queremos saber por qué nuestras oraciones no son respondidas, por qué sufrimos, cuál es el significado de nuestra vida, qué nos depara el futuro y por qué morimos. El Mundo de las Preguntas —nuestro mundo físico— es un mundo de oscuridad, dolor, agresión, miedo, ira, enfermedad y caos. La realidad mucho más extensa, el Mundo de las Respuestas, emana del Creador y es pura Luz, resplandeciente e intensa. En este dominio espiritual, que generalmente se encuentra oculto a nuestra vista, reside la plenitud verdadera. Según la Kabbalah, el Cielo no es un lugar, sino una conexión con el Mundo de las Respuestas. Es el nivel donde se halla toda la inteligencia, todas las respuestas, toda la plenitud; es el Mundo del 99 por ciento. Así pues, existen dos mundos: el de la Luz, o las respuestas, y el mundo de los sentidos o las preguntas. ¿Cómo pasamos de un reino al otro? **Los ángeles son nuestro ticket de entrada. Ellos nos proporcionan el sistema de transporte y permiten nuestro movimiento entre estas dos esferas.**

¿Por qué no podemos acceder al Mundo de las Respuestas directamente, sin necesidad de intermediarios?

Quizá nos ayude pensar en la electricidad. Aunque quisieras, no podrías conectar una tostadora directamente a una central eléctrica nuclear, pues en un instante ésta se quemaría. Para aprovechar la inmensa cantidad de energía invisible generada en esa central, debemos instalar cables y transformadores en estaciones de transmisión. Estos mecanismos disminuyen la colosal fuente de corriente y la distribuyen a nuestros hogares de forma que podamos conectar nuestra tostadora en el enchufe y obtener una riquísima tostada.

Los ángeles son los cables y los transformadores de nuestra dimensión espiritual. Ellos son la interfaz entre nosotros y el Mundo de las Respuestas. Son estaciones de transmisión, conductos para la Luz que distribuyen esa gran llamarada de energía en pequeñas porciones a fin de que podamos tener acceso a ellas y utilizarlas.

Cada ángel es un cable único de la computadora del universo. Cada ángel tiene una identidad individual y es una unidad de trabajo de energía independiente y un canal para la Fuerza de Luz del Creador. Los ángeles están allí para que saquemos partido de ellos, para ayudarnos en nuestras tareas, en nuestras relaciones, en nuestro desarrollo espiritual.

Pero, ¿cómo nos conectamos con ellos si son invisibles para nosotros?

# 9. ¿POR QUÉ NO PODEMOS VERLOS?

El *Zóhar* explica que si pudiéramos echar un vistazo al Mundo de las Respuestas, y a la vasta infraestructura cósmica de ángeles que lo componen, perderíamos la razón.

El hecho es que no tenemos la capacidad de ver a los ángeles porque, en tanto que somos de carne y hueso, estamos inmersos en el mundo de los sentidos. El Mundo de las Preguntas nos limita y reduce nuestro campo de visión, pues coloca un marco restrictivo en torno a nuestras percepciones.

Además, la invisibilidad del mundo angelical nos sirve como una forma de protección. No queremos ver a los ángeles porque, si lo hiciéramos, nos estaríamos enfrentando a la completa verdad sobre nosotros mismos. Nos enfrentaríamos cara a cara con nuestro Tikún (corrección), con lo que los sabios llamaron brutalmente la "basura" de nuestra naturaleza: las capas y capas de negatividad acumulada, creadas durante esta vida y nuestras vidas pasadas cada vez que actuamos de forma egocéntrica, cada vez que fuimos insensibles o lastimamos a alguien. Cada uno de estos actos egoístas permanece en nuestra alma como una capa de basura. De ahí que la invisibilidad del mundo angelical funcione como protección para nosotros.

Al final, son los ángeles los que determinan lo que vemos y lo que no vemos. Y siempre vemos exactamente lo que necesitamos ver. Nuestra percepción refleja el estado de nuestra conciencia. A medida que crecemos espiritualmente y expandimos nuestra Vasija, el mundo espiritual, nuestro universo reluciente de Luz, se nos revela.

¡Todo lo que debemos hacer es abrir las ventanas!

# 10. VENTANAS Y CORTINAS

Ahora lee esto con detenimiento porque voy a abrir tu mente. A pesar de lo que muchos de nosotros creemos, *no existe la maldad como tal*. Sí, has leído bien. De hecho, voy a dar un paso más y voy a declarar enfáticamente que *no existe esa cosa que llamamos "demonio"*.

¿Pero qué significa esto realmente?

Dicho de forma sencilla, "ángel" es otra palabra para energía; y "demonio" es otra palabra para algo que bloquea la energía. ¡Y eso es todo!

Imagina el Mundo de las Respuestas, el mundo de la Luz. Es un lugar glorioso, pero ninguno de nosotros está allí. No, nosotros vivimos en el mundo físico, rodeados de una cortina o pared muy gruesa que nos bloquea la Luz. Literalmente, nos encontramos más o menos en la oscuridad. Y esto es algo malo, ya que:

- La Luz es felicidad; la oscuridad es tristeza.
- La Luz es certeza; la oscuridad es duda.
- La Luz es coraje; la oscuridad es miedo.
- La Luz es claridad; la oscuridad es confusión.
- La Luz es paz; la oscuridad es caos.

- La Luz es amor; la oscuridad es odio.
- La Luz es alegría; la oscuridad es cólera.
- La Luz es salud; la oscuridad es enfermedad.
- La Luz es inmortalidad; la oscuridad es muerte.

Ahora piensa en los ángeles como una ventana al Mundo de las Respuestas, una ventana que permite la entrada de la Luz en nuestra oscura realidad física. ¿Y qué es un demonio? Es simplemente una cortina que impide el paso de la Luz. Cuando esa cortina cubre la ventana, la Luz parece apagarse y nos quedamos en la penumbra.

La fuerza demoníaca, también conocida como el mal, no es simplemente la ausencia de Luz sino un vacío poderoso. Esta oscuridad es una fuerza que debe tenerse en cuenta. Es una polaridad, es lo opuesto a la fuerza de la Luz. Tiene su propia gravedad y te succiona como un agujero negro.

Pero esa fuerza demoníaca es una *ausencia que creamos nosotros mismos cuando cerramos las cortinas.* Con cada acto cruel, cada palabra intolerante, cada maldición o indulgencia, cubrimos las ventanas que dejan pasar la Luz a nuestras vidas. Con cada acto egocéntrico creamos un ángel negativo —un demonio, si así quieres llamarlo— y otra cortina que nos separa todavía más de la Luz. Cuanta más negatividad proyectamos al mundo, mayor es la cantidad de cortinas que colocamos delante de las ventanas de nuestra vida. Por el contrario, cuanto más bien hagamos, más ventanas se abrirán y más Luz nos llegará.

PARTE I: COMPRENDER NUESTRO BRILLANTE UNIVERSO

Por supuesto, existen infinitos matices de gris entre los polos opuestos de luz y oscuridad. Por lo tanto, dependiendo de la cantidad de cortinas que hayas colgado en tu vida, de cuántas ventanas hayas abierto para dejar pasar la Luz, y de cuántos ángeles positivos y negativos te rodeen, será el estado de tu vida y de tu mente, de tu existencia y de tu ser. Estas son las condiciones que prevalecen en tu vida en cada momento.

Por lo tanto, pregúntate: ¿Cuántos demonios están bloqueando la Luz en mi vida? ¿Cuántas ventanas he abierto de par en par?...

# 11. EL PÁRAMO DE LA ADOLESCENCIA

Cuando flotamos felizmente en el vientre de nuestra madre, lo sabemos todo: el pasado y el futuro. Somos parte de la Luz. Después nacemos. En ese instante, nuestro Ángel de la Guarda (hablaremos sobre él o ella en la segunda parte) nos toca sobre el labio; la evidencia de este toque angelical está en el surco vertical entre nuestra nariz y nuestra boca. Con ese toque olvidamos casi todo lo que sabíamos. Pero al nacer somos inocentes, estamos libres de toda la negatividad que nos espera y muchas de nuestras ventanas están todavía abiertas en nuestra vida para sostenernos y ayudarnos.

Cuando nace un bebé, ciertos ángeles positivos lo rodean y le proporcionan ventanas al Mundo de las Respuestas. Éstas incluyen amor, alimento y la estimulación que recibe de sus padres, abuelos y otros seres queridos.

Piensa en cuánto placer obtiene un niño del simple hecho de jugar con bloques de plástico. ¿Te imaginas a una mujer de 45 años pasándose todo el día construyendo torres con bloques, jugando con sus dedos o hablándole a sus calcetines? Solo podría significar dos cosas: o está completamente loca o aburrida hasta la saciedad.

El estimado Kabbalista Rav Áshlag explica que estas ventanas a la Luz, ayudan a los niños pequeños a crecer; por eso ellos obtienen placer tan fácilmente. Esa alegría que sienten es la Luz, y de hecho es esa misma Luz la que hace que los niños crezcan. ¡Sus ventanas están abiertas y dejan que la Luz entre!

¿Pero qué sucede cuando un niño llega a la pubertad? Esta es una edad clave, pues cuando los adolescentes entran en el mundo de la adultez, tienen repentinamente el poder de abrir más ventanas o de colgar más cortinas.

Ahora que estás pensando en ello, hazte estas simples preguntas: ¿cuándo comienzan todos nuestros malos hábitos? ¿Cuándo comenzamos a maldecir y a blasfemar? ¿Cuándo perdemos nuestra templanza y empezamos a dar portazos al salir de las habitaciones? ¿Cuándo empezamos a comportarnos como si el universo girara alrededor de nosotros? ¿En qué momento de nuestra vida nos sentimos atraídos por los placeres fugaces del sexo, las drogas y el *rock and roll*?

La pubertad es el momento en que empezamos a colocar activamente contraventanas, sombras, cortinas y persianas. Por eso cuando llegamos a la adolescencia y la adultez nos resulta tan difícil obtener el mismo placer que revelábamos cuando éramos niños. Porque, en realidad, la pubertad es la edad de la responsabilidad. Es entonces cuando comenzamos a ser responsables de nuestros actos.

# 12. TODO ESTÁ EN TUS MANOS

Esta es la parte positiva de ser responsables. ¿Recuerdas la expresión "Poder para el pueblo"? Pues bien, tú ya tienes el poder, amigo. Eres responsable de todo lo que ocurre en tu vida y de crear los ángeles que te rodean. ¿Qué significa este concepto antiguo para tu vida actual? Mucho. Los ángeles son los agentes de tu karma, de la causa y el efecto. Son paquetes de energía atraídos por tus palabras y tus actos. Y constituyen una red de energía a la que puedes pedir ayuda. (Encontrarás más información sobre cómo hacerlo en la segunda parte).

Según el *Zóhar*, cuando lastimas a una persona, traicionas la confianza de alguien o actúas de forma cruel, corres las cortinas y atraes ángeles destructivos hacia ti. Pero los actos de compartir y de amor crean afinidad con los aspectos positivos de la energía, atrayendo ángeles positivos y Luz.

A pesar de que estas fuerzas positivas y negativas de energía existían mucho antes de que entraras en el teatro de este mundo, permanecen en estado latente, en un estado de animación suspendida, hasta el momento en que creas un vehículo adecuado a través del cual pueden revelarse. Cuando te ocupas de la espiritualidad y la oración, cuando meditas y compartes, cada aliento que sale de tu boca se convierte en lo que el Arí llama "una carroza": un vehículo para ángeles positivos.

Esto significa que eres directamente responsable de los ángeles que hay en tu vida, esto es, de los ángeles que entran en
contacto contigo. Tú tienes la total responsabilidad.

**Estás vinculado con cada célula de este mundo. Eres mucho
más importante de lo que imaginas. ¡Puedes crear ángeles!**

# 13. TOCADO POR UN ÁNGEL

¿Cómo sabes que te has encontrado con un ángel? El *Zóhar* cuenta la historia de Abraham, que pasó por el ritual de la circuncisión a una edad muy avanzada. Por supuesto, sufrió enormemente. Para aliviar su dolor, Dios envió a Abraham "tres ángeles visibles para interesarse por su bienestar". Pese a que eran ángeles, y por lo tanto energía pura, se acercaron a Abraham en forma física para comunicarse con él.

> *Él pudo verlos con certeza porque vinieron a la tierra en la imagen de hombres. Esto no debería ser difícil de comprender, pues en definitiva los ángeles son espíritus sagrados. Pero cuando bajan a este mundo, se envuelven en el aire y se recubren de elementos hasta que se aparecen a las personas en su imagen y semejanza.*

La Kabbalah nos dice que los ángeles están entre nosotros. La oportunidad que de repente nos cae del cielo, el disturbio que nos aflige, la inspiración para crear una pintura o escribir una canción, la necesidad repentina de llorar; el incontenible sentimiento de amor, el sobrecogimiento al ver una puesta de sol en el mar o detrás de unas grandiosas montañas: todas estas cosas son ángeles revestidos con los elementos de este mundo.

¿Quién es ese misterioso extraño que choca contigo y te empuja a un lado, en el preciso instante en que un vehículo da vuelta a la esquina y, por lo tanto, te salva la vida? ¿Quién es aquella anciana sentada a tu lado en el restaurante, que te susurra que tu bebé es un "regalo de Dios"? ¿Quién es el maestro que reconoce tus dones cuando ninguna otra persona lo hace y te abre la puerta a un futuro que nunca habrías imaginado?

Por el contrario, ¿quién es esa persona trastornada que te maldice por la calle? ¿Y el vendedor que intenta engañarte? ¿Y el colega celoso cuyas mentiras están poniendo en peligro tu trabajo? Todos ellos pueden ser gente común y corriente. O pueden ser ángeles que aparecen "exactamente a… [tu] imagen", salvándote la vida o ayudándote de otras formas más paradójicas a dar el paso siguiente en tu evolución espiritual.

La verdad es que generalmente puedes sentir cuándo un ángel positivo entra en tu vida. Una repentina ráfaga de inspiración te ayuda a resolver un problema con el que has estado lidiando durante un tiempo. Esto ocurre de forma misteriosa; o al menos, de formas que parecen misteriosas.

Nuestra percepción es una función de nuestra conciencia. A medida que nuestra conciencia crece, la sensibilidad que tenemos para percibir a los ángeles, también aumenta. A medida que alcancemos una conciencia superior, podremos leer las pistas y decodificar los mensajes del Mundo de las Respuestas más rápidamente. Podremos ver lo que ahora es invisible a nuestros ojos.

La realidad es un espejo. Recibimos en forma de ángeles exactamente lo que damos. Una vez formados, estos ángeles nos ayudan o nos entorpecen, nos maldicen o nos bendicen.

Entonces ¿cómo creamos ángeles positivos en nuestra vida? Los siguientes capítulos nos darán algunas indicaciones al respecto.

# 14. CREAR ÁNGELES:
# ESCOGE TUS PALABRAS

Raramente prestamos atención cuando nuestras palabras — canciones de amor, bromas simpáticas, cháchara, chismorreo malintencionado, crítica mordaz— salen de nuestra boca y ocupan su lugar en la cacofonía global. Sin embargo, deberíamos tener cuidado. Esas palabras que inadvertidamente salen de nuestros labios dan nacimiento a ángeles.

Vivimos en un universo en el que operan energías invisibles. Cuando hablas bien de alguien, un ángel positivo susurra al oído de tu jefe palabras de elogio sobre ti. Pero el delicioso chismorreo, mata más rápidamente que una hamburguesa doble con queso y tocino, que una ración grande de papas fritas, y que un paquete de cigarrillos. Las palabras envidiosas corroen el alma y te dañan tanto a ti, como a la persona que es objeto de tus celos, arrastrándote más hacia la negatividad. Cuando hablas mal de otros, dándote el gusto de lo que el arameo llama *lashón hará* (dar voz a tus imaginaciones pesimistas y tus creencias limitantes), una fuerza espiritual negativa crece, y sus tentáculos se enredan con fuerza a tus brazos y piernas.

Hablar de forma hiriente puede ser, la norma coloquial en nuestra sociedad y, de ser así, es algo trágico. Cada palabra despectiva crea un ángel negativo. Cuando denigramos a otra persona con nuestras palabras, también nos destruimos a nosotros mismos, pues en ese momento un ángel negativo entra en nosotros y frustra nuestro crecimiento espiritual. ¿Recuerdas el proverbio: "Si no tienes nada bueno que decir, no digas nada"? Un antiguo y obsoleto cliché, ¿verdad? Antiguo sí, pero no obsoleto. **En realidad es una descripción científica del cableado angélico del universo.** Si queremos recibir la bendición de los ángeles positivos, no podemos permitir que nuestras descuidadas bocas sigan expresándose sin límites.

# 15. CREAR ÁNGELES: ESCOGE TUS ACCIONES

Piénsalo bien: si realmente pudieras comprender que cada acción amable crea una fuerza positiva en tu vida y cada acción cruel crea una fuerza negativa, cambiarías tu forma de actuar en un segundo. Sería estúpido no hacerlo.

Es como el personaje de televisión Earl Hickey, de la comedia "Mi nombre es Earl". Inmediatamente después de ganar 100.000 dólares en la lotería, este ladronzuelo mentiroso y holgazán pierde el boleto ganador al ser atropellado por un automóvil. Mientras reposa en la cama del hospital, ve un programa de televisión que le enseña la regla básica del karma: todo lo que va, viene. Entonces, escribe una larga lista de todas las personas a quienes ha perjudicado en sus largos años de comportamiento malicioso, y metódicamente va intentando reparar todas y cada una de estas maldades. Con frecuencia, sus esfuerzos no sólo ayudan a quien ha perjudicado, sino que causan a su vez resultados positivos inesperados en otras personas. Después de todo, aquellos malos actos, como piedritas arrojadas al agua mansa, tuvieron también consecuencias negativas impredecibles. Hay razones para tener esperanza. Una vez que alcanzamos un cierto nivel de conciencia, hasta nuestro ángel negativo nos ayuda. Earl Hickey es un buen ejemplo, pero es un personaje ficticio. Piensa en un criminal o un gánster que ha sido encarcelado, y que más tarde se convierte en consejero para prisioneros o para jóvenes en riesgo; es un ejemplo de alguien que ha tomado la parte más oscura de su vida, y la ha transformado en algo positivo. Piensa en un drogadicto que ha superado su adicción, y que ahora se desempeña como asesor para otros que están luchando contra su propia adicción. O en una víctima de un tsunami, que en el medio de su propio sufrimiento, ayuda a los demás a ponerse a salvo.

Todos venimos a este mundo cargados de dones y de basura. Cada uno de nosotros tiene su propio camino, pero todos compartimos una misión de vida general. Nuestra tarea es transformar nuestra basura, y conectarnos con nuestros dones. Y una de las mejores formas de hacerlo es a través de acciones positivas.

# 16. CREAR ÁNGELES: ESCOGE A TUS AMIGOS

Según la Kabbalah, la influencia espiritual que ejercemos es tan grande, que podemos hacer que nuestros amigos sean capaces de crear ángeles buenos y malos en sus propias vidas, ¡y ellos devuelven el favor! Por lo tanto, es extremadamente importante que escojamos a nuestros amigos con prudencia. Para ser mejores personas, debemos compartir nuestro tiempo con mejores personas.

Lamentablemente, tendemos a vivir de forma arbitraria. Igual que las palabras que fluyen de nuestras bocas, sin siquiera pensarlas, las personas también entran y salen de nuestra vida. Es como si nada nos importara; o más bien nadie nos importara.

Entras en un grupo y te sientes identificado con alguien, o alguien se identifica contigo. No tienes nada mejor que hacer, ni nadie mejor con quien hacerlo, y entonces decides pasar el tiempo con esa persona. Por no sentirte solo, quizá entables una amistad con personas que inculcan duda en tu vida. O es posible que te rodees de personas negativas que emanan energías destructivas. Hasta puedes pensar que no tienes otra alternativa porque quieres "ser amable". Pero "ser amable" puede ser un suicidio espiritual. La Kabbalah nos enseña que la dignidad humana es muy importante, ciertamente, pero si eres "amable y correcto" con alguien que es negativo, o tiene intereses egoístas, será una receta para el desastre. ¿Por qué?

Porque te hará crear un ángel negativo en tu propia vida.

Por ejemplo, si estás saliendo con una chica a quien no le gustas realmente, pero que está dándote falsas esperanzas hasta que "aparezca alguien mejor", crearás un ángel negativo que atraerá el caos a tu vida. Es mejor que no estés con ella nunca, antes que colocarte en una situación contraproducente. No le debes nada a individuos negativos como éstos. Si intentan convencerte de lo contrario, entonces no son tus amigos. Aquellos que se definen como amigos, pero tienen intereses personales ocultos, que toman lo que pueden de ti y te aplastan con su energía negativa, te llevan a crear ángeles negativos. Debes decirles adiós a estos "amigos", desearles lo mejor, y continuar con tu vida. Y debes hacerlo rápido.

¿Por qué nos enseña la Kabbalah que somos nosotros mismos los que creamos los ángeles negativos, y no estos viles "amigos"? Porque vivimos en un mundo de responsabilidad total; así pedimos que fuera y así lo creamos. Si nuestra vida no es positiva, es porque hemos hecho algo para crear esa negatividad. No somos víctimas, sino la causa de nuestra propia realidad. Sin importar lo incómodo que sea, podemos y debemos escoger alejarnos de aquellas personas que nos perjudican. **Los amigos verdaderos no tienen intereses egoístas ocultos.** Les importa tu crecimiento y tu bienestar. Ellos te impulsan a crear ángeles buenos en tu vida, cuando tú eliges sabiamente tener su amistad.

La lección de los ángeles temporales, aquellos que creas con tus palabras y acciones, es una lección de responsabilidad total.

# 17. CREAR ÁNGELES: USA TU PODER

En el momento en que fallecemos, cuando nuestra vida pasa ante nuestros ojos como una película, nuestros intereses propios desaparecen, la negatividad se evapora, y el amor pasa a ocupar el primer lugar. Es entonces, cuando tenemos la claridad de un ángel. Vemos aquello que hicimos bien y lo que hicimos mal. Reconocemos que es posible que debamos regresar para corregir una falla personal, que tal vez no hemos logrado por muy poquito completar nuestra corrección. Entendemos la realidad de que, cuando odiamos a alguien, nos estamos lastimando a nosotros mismos. Comprendemos la causa y el efecto con una obviedad resplandeciente.

*Sin embargo, no tenemos que esperar hasta el día de nuestra muerte.* Podemos obtener la claridad y ser ciudadanos que respetan las leyes del universo en este momento. La paradoja es que, por un lado, necesitamos la ayuda de los ángeles, su asistencia, su protección y sus bendiciones; y por otro lado, somos infinitamente poderosos. De hecho, se ha dicho que los humanos son seres poderosos, que están ocupados pensando que son hormigas. Los ángeles son poderosos en cuanto a cómo gobiernan nuestras vidas, pero nosotros somos todavía más poderosos en cuanto a cómo gobernamos sus funciones.

# 18. LIBRE ALBEDRÍO Y DUDA

Los ángeles no son como los humanos. Ellos hacen su trabajo libres de conflicto interno. Nosotros, por otra parte, deambulamos por ahí en un estado de confusión y ambivalencia. Pensamos demasiado las cosas: ¿Voy al gimnasio, o a comprarme una rosquilla? ¿Tomo la carretera, o voy por las calles secundarias? ¿Termino el trabajo, o enciendo el televisor? ¿Le digo a la cajera que se ha equivocado, o me quedo con el dinero extra? ¿Llamo a mi hermana, o me pongo a leer un libro? ¿Miento, o digo la verdad? ¿Quiero chocolate o vainilla? ¿Recojo esa cartera del suelo de la calle, nadie me verá, o la dejo allí en caso de que el dueño regrese?

Estos ejemplos, que van de lo sublime a lo ridículo, nos muestran que somos criaturas que pocas veces estamos seguras de lo que debemos hacer, salvo que nuestra supervivencia se vea amenazada; y aun entonces la duda puede sobrevenirnos. Nuestro Libre Albedrío, la oportunidad de escoger nuestras acciones, es la base de nuestra confusión, pero también es la fuente de nuestra corrección espiritual.

Regresemos al ejemplo del partido de fútbol americano. Es posible que el entrenador sea genial, y que hayas practicado una serie de jugadas; pero una vez que estás en el campo de juego, todo depende de ti. Tú creas el juego con tus propias acciones en relación con las acciones de los integrantes de tu equipo y del equipo contrario, en relación con las condiciones del campo y con la multitud de espectadores. Cada decisión que tomas, cada giro hacia la derecha o la izquierda, crea una dinámica completamente nueva que, a su vez, crea un juego totalmente nuevo. Puedes verte empujado hasta la línea de veinte yardas, y de repente ver la posibilidad de hacer un pase ideal al receptor, y lograr un *touchdown*.

De la misma forma, cada decisión que tomas en el juego de la vida, puede acercarte o alejarte de tu objetivo de plenitud. Pero sin el Libre Albedrío, nunca podrías ganarte la Luz que has venido a recibir, pues no tendrías el poder de hacer esas elecciones.

La Kabbalah explica que no obtenemos plenitud de aquello que se nos da, sin que nos lo hayamos ganado. Aunque quienes compran billetes de lotería para ganar millones, probablemente no estén de acuerdo, no vinimos a este mundo a recibir cosas gratis. Sin embargo, los ganadores te contarán una historia diferente. La vida de muchos de ellos, se volvió de repente una pesadilla tras recibir una gran cantidad de dinero que no se habían ganado. Vinimos a este mundo físico a ser la *Causa* de nuestra vida, el jefe, no el *Efecto*. Vinimos al Mundo de las Preguntas para asumir la responsabilidad y encontrar las respuestas "correctas" por nosotros mismos.

¿Cómo permitimos que nuestros ángeles positivos florezcan? Recuerda: somos nosotros los que guiamos a nuestros ángeles. Nuestra misión es limpiar la negatividad antes de que ésta tome posesión de nosotros. Nuestro trabajo más importante es, transformar los aspectos negativos de nuestra alma para poder abrir ventanas a la Luz. Cuando ejercemos el Libre Albedrío y tomamos buenas decisiones, nos acercamos a la plenitud y al verdadero propósito de nuestras vidas.

# 19. ¿TIENEN LOS ÁNGELES LIBRE ALBEDRÍO?

A diferencia de los ángeles, los humanos son criaturas llenas de dudas. Los ángeles no dudan; ellos no se pasan los días intentando encontrar su "verdadero yo". No se confunden. No ven un trabajo o una relación como un escalón para conseguir otro mejor. Los ángeles no deben ganarse su plenitud; ellos están contentos de cumplir su misión específica.

¿Significa esto que los ángeles no gozan de Libre Albedrío? Igual que muchos otros aspectos de los ángeles, esto también es paradójico; la respuesta es: sí y no. Como nosotros, los ángeles tienen poder de elección; pero ellos disponen además de algo que nosotros no tenemos: la ventaja de la perspectiva. Ellos no tienen cortinas, por lo que saben qué es Luz y qué es oscuridad. Después de todo, si pudieras ver cuál es el camino hacia la plenitud, ¿por qué ibas a tomar otro camino?

Los ángeles se encuentran tan cerca de la Luz que pueden ver las ramificaciones de sus acciones.

Los humanos somos diferentes de los ángeles. En el juego de la vida que jugamos aquí en la tierra, debemos tener en cuenta las cortinas y, en especial, el velo del tiempo. ¡El tiempo es un desafío *porque es el velo entre la causa y el efecto!*

# 20. EL VELO DEL TIEMPO

Vivimos en un mundo de causa y efecto. Nada sucede al azar, nada ocurre "porque sí". No existen las coincidencias ni los accidentes. Nuestros sentidos limitados son los que hacen que parezca así. Pero, ¿por qué perdemos la visión de la verdad?

La respuesta es el *tiempo*.

Si alguien te diera un golpe en la cabeza con un bate de béisbol cada vez que te comportaras de forma egocéntrica, ¿continuarías comportándote de la misma manera? Por supuesto que no. Pero el tiempo sirve para confundirnos. Si lastimas a alguien hoy —supongamos que robas un reloj en Nueva York y nadie te descubre— es posible que pienses que has salido airoso. Pero algún tiempo después, tal vez en otro continente, algo de igual valor te será quitado. Puesto que la consecuencia de tu acción original, robar el reloj, ocurre en un tiempo y espacio distinto, te resultará difícil reconocer el mecanismo de causa y efecto.

Los ángeles no viven en el escenario ilusorio del tiempo, por lo tanto no se dejan confundir por éste. Aunque el tiempo nos impide a los humanos percibir la relación de causa y efecto en nuestras acciones, también nos permite disfrutar del Libre Albedrío, un privilegio del que lamentablemente muchas veces abusamos. Y esta es la naturaleza y la limitación de nuestros sentidos físicos.

La buena noticia es que el Libre Albedrío nos da el poder de superar nuestra naturaleza. Cuando decidimos oponernos a nuestro carácter egocéntrico, elevándonos así a un estado más angelical, obtenemos una recompensa, no porque se nos haya dado un golpe en la cabeza con un bate de béisbol, sino porque hemos hecho una buena elección.

Y estos efectos positivos son acumulativos, no sólo para nosotros como individuos, sino también para toda la humanidad.

# 21. UN PEZ NO SABE QUE ESTÁ EN EL AGUA

Un pez no sabe que está nadando en el agua porque no tiene un punto de referencia. Pero saca a un pez de su entorno por un momento, y después colócalo nuevamente en la pecera. El agua será exactamente la misma, pero la "apreciación" del pez con respecto a ella, habrá cambiado para siempre.

Me gustaría que reflexionaras sobre la forma en que ésta metáfora puede aplicarse a tu vida. Espero que experimentes la sensación de salir del agua de tu vida, cambiar el paradigma, romper el esquema, y sentir las energías invisibles que forman la infraestructura del universo. Existen muchas herramientas kabbalísticas para hacer esto, tal como verás en la tercera parte de este libro. Mi objetivo es ayudarte a ver que, más allá de las paredes, alfombras, fotos y libros que se encuentren en tu entorno, estamos sumergidos en una atmósfera invisible de energía angélical. Cada momento de nuestras vidas nos vemos bombardeados con energía positiva y negativa, rodeados de ángeles positivos y negativos. Ellos tienen un impacto en nuestra salud, nuestra felicidad, nuestra sensación de bienestar, nuestros éxitos y nuestros fracasos.

Cuando nuestra conciencia crece y nuestras acciones positivas proliferan, creamos más ángeles positivos que nos ayudan a

PARTE I: COMPRENDER NUESTRO BRILLANTE UNIVERSO

caminar por el sendero correcto. Y es por medio de nuestras decisiones que determinamos el tipo de ángeles que actuarán como nuestro equipo de asistencia.

# 22. EL UNIVERSO RELUCIENTE DE JACOBO

*Jacobo viaja hasta la tierra de Jarán. Es un viaje de escapatoria,huyendo de su hermano Esaú. En un punto del camino se siente cansado y se detiene a reposar bajo una cúpula de estrellas. Al dormirse, Jacobo tiene un sueño.*

*En el sueño ve una escalera que comienza en la tierra y cuyo extremo llega hasta el mismísimo Cielo. Los ángeles de Dios ascienden y descienden por los peldaños. Jacobo se siente fascinado por los ángeles. Entonces, Dios se le revela. Él le promete a Jacobo protección, una multitud de descendientes y la tierra sobre la cual yace como regalo. El lugar sagrado donde Jacobo tiene el sueño de la escalera pasó a llamarse "Beit-El" o la Casa de Dios. Ese lugar es una abertura al Mundo Superior; es la Puerta del Cielo, una abertura al universo espiritual y a la plenitud.*

El sueño de Jacobo sobre los ángeles ascendiendo y descendiendo la escalera, es más que un simple episodio bíblico; es una descripción de la arquitectura e infraestructura invisibles del universo que está disponible para nosotros. De la misma forma que Jacobo, cuando las personas comprendemos y nos sincronizamos con el sistema de este mundo, sistema a través del cual el Creador nos revela Sus dones, podemos tenerlo todo: todo lo que el Creador prometió a Jacobo.

La Kabbalah nos dice que Jacobo alcanzó un nivel de profecía completa. Se conectó con la visión completa del universo: el pasado, el presente y el futuro.

# 2

# CONOCER A LOS JUGADORES AYUDA

ALGUNOS ÁNGELES VAN Y VIENEN,
MIENTRAS QUE OTROS ESTÁN SIEMPRE
DISPONIBLES PARA NOSOTROS. HAY
ÁNGELES ANÓNIMOS Y ÁNGELES CON
NOMBRE. CADA UNO DE NOSOTROS
TIENE AL MENOS DOS ÁNGELES PER-
SONALES: NUESTRO ÁNGEL GUARDIÁN
Y NUESTRO ÁNGEL NEGATIVO, NUES-
TRO OPONENTE. TAMBIÉN EXISTEN
OTROS ÁNGELES QUE HAN ESTADO
AQUÍ DESDE EL PRINCIPIO. SON ÁNGE-
LES ETERNOS, ESTUVIERON PRE-
SENTES EN EL NACIMIENTO DE LA
CREACIÓN, Y CONTINUARÁN ESTANDO
PRESENTES HASTA LA ETERNIDAD.
SON INTELIGENCIAS ESPIRITUALES
PERMANENTES E INFINITAS CON LAS
QUE PODEMOS CONTAR SI LAS LLA-
MAMOS. CADA ÁNGEL PERMANENTE
TIENE UN NOMBRE. ES MÁS, SÓLO LOS
ÁNGELES PERMANENTES TIENEN NOM-
BRE. SUS NOMBRES SON COMO
NÚMEROS DE TELÉFONO: CUANDO
MEDITAMOS EN ELLOS O PRONUNCIA-
MOS SU NOMBRE, PODEMOS ATRAER
A ESOS ÁNGELES A NUESTRO LADO.
EXISTEN MILLONES DE ÁNGELES PER-
MANENTES, CADA UNO CON UN NOM-

BRE Y UNA FORMA SINGULAR DE
ENERGÍA. ¿POR QUÉ DEBEMOS APREN-
DER SOBRE ALGUNOS DE ELLOS?
PIENSA NUEVAMENTE EN EL EJEMPLO
DEL PARTIDO DE FÚTBOL. ANTES DE
SALIR AL CAMPO DE JUEGO, TE RESUL-
TA DE GRAN AYUDA CONOCER LAS
JUGADAS, LAS REGLAS DEL JUEGO,
TUS FORTALEZAS Y TUS DEBILIDADES,
LAS FORTALEZAS Y LAS DEBILIDADES
DE TU OPONENTE, Y DÓNDE SE
ENCUENTRA LA LÍNEA DE GOL.
CUÁNTO MEJOR ENTIENDAS ESTAS
VARIABLES, MÁS EFECTIVOS SERÁN
TUS ESFUERZOS. SI NADIE TE
ENSEÑARA LAS REGLAS, PODRÍAS
CORRER HACIA EL LADO OPUESTO Y
ANOTAR A FAVOR DEL EQUIPO CON-
TRARIO.

EN LAS PÁGINAS SIGUIENTES TE PRE-
SENTARÉ A MUCHOS DE LOS
JUGADORES; A LOS ÁNGELES CLAVE
DEL UNIVERSO, PARA QUE COMPREN-
DAS CUÁLES SON TUS ALIADOS Y
CUÁLES TUS OPONENTES Y, UTILIZAN-
DO LA INTELIGENCIA ANGELICAL,
PUEDAS JUGAR MEJOR EL JUEGO.

# 23. ÁNGELES SOBRE TUS HOMBROS

¿Cómo puedes entender mejor la existencia de fuerzas positivas y negativas de energía —ángeles positivos y negativos— en tu vida? Recuerda, no puedes percibir el mundo invisible con tus cinco sentidos. Pero, nuevamente, la Kabbalah nos proporciona metáforas para ayudarnos.

*Hemos aprendido que todos, sin excepción, tenemos dos ángeles mensajeros que se unen a nosotros desde Arriba. Uno se encuentra a nuestra derecha y el otro a nuestra izquierda. Ellos observan todo lo que hacemos. Se llaman "La Inclinación al Bien" y "La Inclinación al Mal".*

Seguro que has visto estas imágenes en películas, dibujos animados y anuncios de televisión. Alguien se encuentra atrapado en un dilema moral —desde comer otro trozo de pastel, hasta engañar a su esposa—, luchando con las fuerzas en conflicto del bien y del mal. El ángel bueno está sentado en su hombro derecho, susurrándole al oído, intentando convencerle de que actúe sabiamente. "Ten cuidado", advierte el ángel. "Tú sabes cómo comportarte, haz lo correcto". Por otro lado, hay un demonio sentado sobre su hombro izquierdo, presionando a la persona para que tome la dirección contraria: "¿A quién puedes hacer daño? Todo el mundo lo hace. Es sólo por esta vez. Nadie lo sabrá".

La Kabbalah nos enseña que estos no son ángeles transitorios que cobran o pierden existencia según tu comportamiento o forma de pensar. Por el contrario, estos dos ángeles nos fueron asignados al momento de nacer. Ellos son parte permanente de nuestras vidas. El ángel bueno es nuestro Ángel Guardián; se encuentra a nuestro lado derecho, pero permanece dormido hasta que llegamos a la pubertad. Este Ángel Guardián crece en la Luz. El Ángel Negativo, nuestro Oponente, ubicado a nuestra izquierda, es parte de la fuerza universal de Satán; no es el hombrecito vestido de rojo que sostiene un tridente en la mano, sino la fuerza a la que nos referimos anteriormente: la ausencia de Luz.

Al inicio de nuestras vidas, estos dos ángeles permanecen en equilibrio. Sin importar cuán pesada sea la carga de nuestras acciones negativas pasadas, sin importar de cuántas capas de comportamiento negativo debamos despojarnos, ni cuánta "basura" haya acumulado nuestra alma, todos tenemos dones y negatividad, ambas cosas. Cada signo astrológico posee sus características positivas y negativas y, tal como enseña el *Zóhar*, cada órgano de nuestro cuerpo contiene tanto algo bueno como algo malo. Todos tenemos en las células ángeles negativos y positivos haciendo la guerra para determinar nuestro destino. Estas dos fuerzas obstruyen o incitan nuestro desarrollo espiritual.

Cuando tenemos el Deseo de Recibir Sólo para Sí Mismo, cuando permitimos que nuestro ego nos domine, el Oponente toma la ventaja. Pero cuando activamos y practicamos nuestro Deseo de Compartir desinteresadamente, el que está ejerciendo su influencia es nuestro Ángel Guardián.

La ciencia nos ha enseñado la diferencia entre el lado izquierdo y el lado derecho del cerebro: el lado derecho es nuestro hemisferio emocional y del instinto; el lado izquierdo es el hemisferio racional y lógico. El lado izquierdo es el hemisferio de los cinco sentidos, el archivo de nuestra historia, el álbum de recortes de todo lo que se nos ha enseñado; está conectado con el pasado. Nos bloquea de la espiritualidad enfocándose en el análisis, el cálculo y la memoria. Nos separa de nuestro Ángel Guardián. El lado derecho nos permite experimentar el sexto sentido, la telepatía y la espiritualidad. Y es el lugar donde forjamos nuestra conexión con el Ángel Guardián.

# 24. CONOCE A TU ÁNGEL GUARDIÁN

Tu Ángel Guardián escoltó a tu alma hasta este mundo cuando naciste, y te abandonará cuando mueras. Este ángel te acompaña en el viaje de tu vida. Él crea pruebas que te ayudan a elevarte y te alerta cuando estás desviándote del camino. Es tu maestro, tu amigo, y tu inseparable compañero espiritual en esta vida. De hecho, me gusta pensar en los ángeles guardianes como nuestros elevadores personales. Cuando vivimos en este reino físico no tenemos respuestas, sino sólo preguntas. Hay muchas cortinas y persianas que cubren la Luz y nos impiden ver la verdad. Debemos obtener acceso al Mundo de las Respuestas para descubrir por qué estamos aquí. Cuando nos elevamos a un plano espiritual más alto, esas preguntas desaparecen, pues se disuelven en el esplendor de nuestro resplandeciente universo, que está lleno de Luz.

Nuestro Ángel Guardián personal es quien nos eleva a ese lugar más alto. Cuanto más nos dejemos influir por él, más alto podremos elevarnos. Nuestro Ángel Guardián nos ayuda a alcanzar niveles que no podemos lograr por nuestros propios méritos. Ellos hacen las conexiones y utilizan su influencia para interceder en nuestro nombre. Actúan como nuestros abogados, y negocian para nosotros el mejor trato para nuestro crecimiento espiritual. Nos ayudan a abrir ventanas.

Cada vez que atraviesas por un momento difícil, cada vez que estás cuestionándote, puedes confiar en tu Ángel Guardián para obtener las respuestas. En la tercera parte de este libro, te explicaré cómo puedes conectarte con esta fuerza para obtener bondad en tu vida.

Mira tu hombro derecho. Debes saber que allí se encuentra un ángel positivo; aunque no puedas verlo, él gobierna sobre la misericordia.

Mira tu hombro izquierdo. Allí hay un ángel negativo; él gobierna sobre el juicio.

# 25. AHORA CONOCE A TU OPONENTE

De la misma manera en que un polo magnético hace que todas las brújulas apunten al verdadero norte, tu ángel negativo —tu Oponente— te atrae hacia el comportamiento destructivo. Su misión es alimentarse de tu negatividad y consumir la mayor cantidad posible de tu energía. Él te convence de que hagas el mal, de que cierres cortinas a la Luz. Nacido del Deseo de Recibir Sólo para Sí Mismo, él te apremia a llevar a cabo actos reactivos y egocéntricos, generando así todavía más energía negativa. Tu Oponente es un enemigo que está instalado dentro de ti, susurrándote al oído, instigándote a utilizar palabras maliciosas, a tomar decisiones destructivas y a vivir en la niebla del egocentrismo, los celos y la inseguridad; en resumen, a cerrar las cortinas y bloquear la Luz.

La tarea de tu Oponente es hacerte creer que tú no eres el responsable, que tu vida es azarosa y que está repleta de casualidades; te anima a culpar a otros por tu destino, y a dudar de la existencia de los ángeles, aun cuando éstos constituyen la verdadera tecnología de la vida.

Sin embargo, cuando te resistes al comportamiento automático y reactivo, comienzas a descubrir un destello de libertad de tu verdadera naturaleza. En este esfuerzo por ejercer tu Libre Albedrío, el Ángel Guardián está disponible para ayudarte si lo invocas.

A pesar de su naturaleza intrínsecamente destructiva, tu Oponente juega un papel crucial en tu desarrollo espiritual y en tu viaje hacia la plenitud. Pensemos nuevamente en el partido de fútbol. El equipo contrario crea una fuerza contra la que tienes que arremeter para sacar lo mejor de ti. ¿Qué acciones llevarás a cabo cuando te enfrentes a esa resistencia? ¿Cómo confrontarás esa oposición? Algunas decisiones pueden hacerte avanzar, mientras que otras pueden ocasionar más negatividad y, en ese caso, necesitarás trabajar más duro para recuperar el terreno perdido y superar los nuevos obstáculos que aparezcan en tu camino.

En realidad, tu Oponente te ayuda a comprender tus propias fortalezas y debilidades. Conocer a tu Oponente te ayuda a conocerte mejor a ti mismo, lo cual a su vez, te ayuda a maximizar tus méritos al mismo tiempo que minimizas tus limitaciones.

Recuerda, la sabiduría kabbalística nos dice que la plenitud nunca puede provenir de algo que no nos hayamos ganado. Tu Oponente te hace trabajar duro para avanzar en tu mejora personal.

Pero este proceso implica una cierta urgencia. A cada uno de nosotros, se nos concede un período de tiempo determinado en este mundo, para limpiarnos de la energía negativa. El reloj del *Tikún* está corriendo. Cada vez que nos rendimos ante nuestro Oponente, cada vez que creemos en las excusas que nos da, perdemos tiempo. Cuando el reloj de arena cósmico registra que nos queda muy poco tiempo para transformarnos, el ángel más siniestro, el Ángel de la Muerte, obtiene el permiso para apartarnos del juego.

La muerte viene cuando el alma ya no puede realizar su tarea en el cuerpo actual. El alma debe ir entonces a otro nivel. Nadie puede juzgar si una persona abandona este mundo y pasa al próximo nivel como resultado de una bendición, o porque necesitaba un nuevo vehículo, es decir, un nuevo cuerpo para hacer su tarea. No obstante, sea cual fuere el motivo, el Ángel de la Muerte se lleva el alma.

# 26. LAS DIEZ *SEFIROT*: LA ESTRUCTURA DEL UNIVERSO

Ya hemos hablado de los ángeles personales, pasemos ahora a los ángeles permanentes, esos seres infinitos que gobiernan el universo. Para comprender el lugar que ocupan, es de gran utilidad visualizar la estructura subyacente del universo.

Según el *Zóhar*, el universo tiene diez dimensiones que se llaman *Sefirot*. La palabra *Sefirá* deriva de una palabra aramea que significa "número" y "comunicación", por lo que las *Sefirot* son instrumentos con los que contabilizamos o medimos el universo. También son el sistema que Dios utiliza para comunicarse con su Creación. Si no fuera por las diez *Sefirot*, el Creador infinito sería absolutamente desconocido e inalcanzable.

Las diez *Sefirot* son, desde la más cercana a la Luz del Creador hasta la más lejana:

*Kéter*: corona
*Jojmá*: sabiduría divina
*Biná*: inteligencia (comprensión)
*Jésed*: misericordia y compasión
*Guevurá*: fortaleza y juicio
*Tiféret*: verdad (belleza)

*Nétsaj*: victoria (resistencia)
*Hod*: majestuosidad (gloria)
*Yesod*: fundamento
*Maljut*: físico

Nosotros vivimos en el reino de la décima *Sefirá: Maljut*, la dimensión más material y más alejada de la Luz del Creador. Éste es el mundo físico, el Mundo de las Preguntas. Los kabbalistas enseñan que a medida que la Luz del Creador se mueve desde Su Fuente hasta nuestro mundo, pasa a través de una serie de velos representados por las *Sefirot*. Cada nivel va filtrando un poco de Luz hasta que en el último, nuestro mundo de *Maljut*, toda la Luz queda bloqueada. La esencia de la Luz no ha cambiado de una *Sefirá* a otra, pero la cantidad de Luz revelada va disminuyendo de un nivel a otro.

Los teóricos de las Supercuerdas están reconociendo apenas en la actualidad, la misteriosa similitud entre estas verdades del universo reveladas por los kabbalistas hace dos mil años, y sus explicaciones más avanzadas del cosmos. La Kabbalah enseña que existen diez dimensiones en este universo, igual que la Teoría de las Supercuerdas. La Kabbalah también enseña que seis de estas diez Sefirot están compactadas en una misma dimensión, ¡y lo mismo afirman los científicos!

Existen cuatro arcángeles y cada uno gobierna una *Sefirá* específica, como veremos a continuación en detalle.

# 27. LOS ARCÁNGELES

De los ángeles permanentes, los más ilustres son los cuatro arcángeles: Mijael, Gabriel, Uriel y Rafael. Según el *Zóhar*, cada arcángel preside uno de los cuatro elementos y una de las cuatro *Sefirot*:

> *Mijael, Gabriel, Uriel y Rafael, que son las criaturas vivientes de la carroza, controlan los cuatro buenos elementos del hombre: agua, fuego, aire y tierra (que son los secretos de Jésed y Guevurá, Tiféret y Maljut).*

Cada arcángel está identificado con un animal simbólico. Además, cada uno de ellos gobierna un color y una de las cuatro direcciones:

> *Hay cuatro direcciones en el mundo —norte, sur, este y oeste— y los arcángeles nos protegen en nuestros viajes por ellas. Los arcángeles también administran el flujo de energía que viaja de un lugar a otro, por eso cada uno de ellos tiene la tarea de gobernar una dirección específica.*

Cuando naces, los cuatro arcángeles te acompañan hasta tu nuevo hogar y permanecen accesibles para ti siempre que tenga el dominio la Inclinación al Bien.

*Antes de esto, los cuatro ángeles descendieron con él, tal como está escrito: "Por que Él pondrá a Sus ángeles a cargo de ti" (Tehilim, 91:11). Si él tiene mérito ancestral, entonces el primero es Mijael por mérito de Abraham, el segundo es Gabriel por mérito de Isaac, el tercero que desciende con él es Uriel por mérito de Jacobo y el cuarto es Rafael por mérito de Adán. Y la Inclinación al Bien está sobre él.*

Estudiemos ahora a cada uno de los arcángeles con más detenimiento.

# 28. ARCÁNGEL MIJAEL: REVÍSTETE DE MISERICORDIA

*Mijael, quien vino a informar a Sará de que engendraría un hijo, gobierna sobre el Lado Derecho. Toda la abundancia y las bendiciones del Lado Derecho le son entregadas a él.*

Si los arcángeles son los reyes de la jerarquía celestial, Mijael es el rey de reyes. Su nombre significa "Quien es como Dios". En todas las tradiciones, Mijael es reconocido como el arcángel supremo. Él es el ángel que debes invocar cuando buscas arrepentimiento, rectitud y, sobre todo, misericordia. Nosotros nos encontramos constantemente entre dos polos en el universo: misericordia y juicio, *Jésed* y *Guevurá*. La misericordia es la fuerza que suaviza el juicio, y Mijael es el guerrero de esta bondad.

Mijael detuvo la mano de Abraham cuando éste fue llamado a sacrificar a su único hijo, Isaac. Y fue Mijael quién luchó con el Ángel de la Muerte, por el cuerpo de Moisés en su entierro. En una porción de los Rollos del Mar Muerto titulada "Guerra de los hijos de la Luz contra los hijos de la Oscuridad", se identifica a Mijael como el Príncipe de la Luz, un guerrero que lucha valientemente en la batalla cósmica contra los ángeles de la muerte. Él es el vengador alado de la rectitud, representado en las pinturas con su espada desenvainada en un combate mortal con un dragón.

Esta es una guerra que se ha luchado durante toda la historia, una batalla contra el Mal, personificado por el Ángel de la Muerte. Esta guerra todavía se sigue librando, cada día, dentro de nosotros. Y en esta guerra, necesitamos a Mijael tanto como lo necesitó Isaac. Según el *Zóhar*, Mijael está sentado a la derecha del Creador con "agua y granizo". Es el rey de la Columna Derecha, la energía positiva. Representa la dimensión del compartir y de las bendiciones.

En este dominio, Mijael gobierna sobre el Este y se identifica con el color blanco. Blanco es el color de compartir, y representa la pureza. No atrae luz hacia sí mismo, sino que la refleja hacia fuera. La luz blanca está compuesta por todos los demás colores simultáneamente (piensa en un prisma que refracta la luz y forma un arco iris deslumbrante); el blanco es el color del Deseo de Compartir. En el siglo XVI, Rav Isaac Luria creó una tradición entre los kabbalistas que se conserva hasta la actualidad: en Shabat, los hombres visten de blanco para personificar el acto de compartir y la disminución del ego.

Mijael está representado por la figura del león, tal como se refleja en las palabras poéticas del *Zóhar*: "Durante la oración matutina, el león desciende para recibir la oración con sus cuatro patas y alas. Éste es el ángel Mijael".

# 29. ARCÁNGEL GABRIEL: PRÍNCIPE DE LA JUSTICIA

*Gabriel, quien vino para dar un vuelco a Sodoma, gobierna sobre el Lado Izquierdo y es responsable de todos los juicios en el mundo, ya que los juicios provienen del Lado Izquierdo.*

El juicio y la misericordia —*Guevurá* y *Jésed*— son los polos gemelos del universo; y nos desplazamos entre ellos dependiendo de nuestras acciones: cuando compartimos nos ganamos la misericordia, pero cuando el ego toma las riendas atraemos el juicio.

La misericordia, tal como hemos visto, es tarea del Arcángel Mijael. El juicio pertenece al dominio de Gabriel. Por lo tanto, podemos invocar a Gabriel cuando necesitemos aplicar juicio a nuestras vidas, cuando necesitemos definir y discernir, tomar decisiones difíciles, o reclamar justicia.

El nombre de Gabriel significa "Fortaleza de Dios". Algunos sabios lo han colocado en la quinta *Sefirá*, llamada *Guevurá*, que representa la fortaleza; como podemos ver, ambas palabras, *Guevurá* y Gabriel, tienen una raíz común. Sin embargo, otros sabios colocan a Gabriel más abajo, en la novena *Sefirá: Yesod*, que se encuentra solamente un nivel por encima de *Maljut*, nuestra realidad física. Según este punto de vista, el arcángel Gabriel utiliza su fortaleza para sostener los fundamentos de este universo.

El arcángel Gabriel personifica el dominio de la fortaleza sobre la docilidad. Está representado por el toro, que pisotea todo a su paso. Él gobierna sobre el Norte y el lado izquierdo o la energía de la Columna Izquierda, el lado de recibir. Su color es el rojo, el color de la sangre. En contraposición al blanco, que refleja la luz, el rojo tiene un gran Deseo de Recibir, está centrado en sí mismo, y atrae la Luz hacia él. Es el color del egoísmo. Algunas veces necesitamos recibir para poder compartir. Gabriel nos ayuda a recibir. Gabriel es un juez.

Mientras que Mijael está sentado a la derecha del Creador, Gabriel, junto a sus dos jefes, los ángeles Kaftsiel y Jezkiel, está sentado a la izquierda de Dios con el fuego. Gabriel es el ministro de paz entre ellos.

Según el antiguo *Talmud*, el Creador ordenó a Gabriel: "Ve y escribe símbolos en la frente de los justos para que ningún ángel saboteador pueda perjudicarles. Ve con los maliciosos y escribe un símbolo en su frente para que los ángeles saboteadores puedan perjudicarles". De este modo, Gabriel, el juez de todos nosotros, escribe en nuestra frente. Él distingue y nos marca con una "J" invisible de "justos" cuando dominamos nuestra naturaleza egocéntrica, y nos resistimos a nuestro comportamiento reactivo. Esa marca es como un sello celestial de aprobación; los ángeles destructores, al verla, siguen su camino y nos dejan en paz. Pero si estamos atascados en la Inclinación al Mal y en la negatividad, Gabriel nos marca de manera distinta. Entonces, tal como está escrito, "los ángeles saboteadores" aplican su justicia sobre nosotros.

El *Zóhar* describe el proceso de forma colorida: "Durante la oración de la tarde, el toro desciende para recibir la oración con sus cuernos y alas, y éste es el ángel Gabriel". Y agrega: "Sus cuernos ascienden de entre sus dos ojos. Él observa enojado y sus ojos brillan como un fuego ardiente. Atropella y pisotea todo con sus pies y no tiene clemencia".

No hay clemencia cuando se realiza un juicio. Gabriel condujo la destrucción de las ciudades pecadoras, Sodoma y Gomorra. En el antiguo comentario conocido como *Midrash*, él aplicó la justicia sobre los diez mártires sabios. Cuando uno de los mártires ascendió al Cielo, le preguntó a Gabriel por qué había merecido la muerte. Gabriel replicó que ellos estaban restaurando la energía que había eliminado el pecado de los diez hijos de Jacobo cuando vendieron a José como esclavo. Él restaura el equilibrio definiendo el juicio.

Dentro de nosotros se desarrolla una guerra entre la Inclinación al Mal y la Inclinación al Bien. Nuestros méritos y nuestros pecados siempre están batallando en nuestro interior. Gabriel representa la Inclinación al Bien; y según los sabios, él lucha con el hombre antes de su nacimiento y "le enseña 70 idiomas". La Inclinación al Mal, hace que el hombre olvide esos 70 idiomas al nacer.

Nos ganamos el juicio con nuestras acciones negativas y, según el *Zóhar*, Gabriel viaja con nada menos que el Ángel Maligno, repartiendo el juicio a los seres humanos. "Gabriel y el Ángel de la Muerte juzgan a las personas comunes".

Pero existe una diferencia. Cuando transformamos nuestro Deseo de Recibir Sólo para Sí Mismo y nos movemos hacia la Luz y la espiritualidad, Gabriel convierte su juicio en bendiciones.

# 30. ARCÁNGEL URIEL:
# EL FUEGO DE DIOS

Todos queremos equilibrio en nuestras vidas. La energía de la Columna Central, equilibra el enfrentamiento entre compartir y recibir, entre la misericordia y el juicio. La tarea del Arcángel Uriel es gobernar este equilibrio. Uriel está representado por el color verde, que según el *Zóhar* es el color de la Columna Central.

En el libro sagrado de Enoj, está escrito: "Uriel controla el trueno y el terror".

El nombre Uriel significa "Fuego de Dios", pero la palabra deriva de un término hebreo que significa "luz". Por lo tanto, a Uriel también se le puede llamar "La Luz de Dios". Él es el "Gran Balance", y una fuerza muy poderosa para atraer a nuestras vidas.

Uriel se ocupa de la posición intermedia de las Diez *Sefirot*, la *Sefirá* de *Tiféret*, la dimensión de la Verdad. Sus dos compañeros celestiales de viaje son los ángeles Shamsiel y Jasdiel. Uriel gobierna sobre el mes de septiembre y el Sur. Está representado por un águila, un pájaro que planea sobre el conflicto. Cuando necesitamos elevarnos sobre una situación, restaurar el equilibrio o distanciarnos del contexto para ver un enfoque más amplio, Uriel puede ayudarnos a ver la verdad.

# 31. ARCÁNGEL RAFAEL: SANA LA TIERRA

*Rafael, que gobierna el poder de sanar, ayudó a Abraham.*

La Kabbalah enseña que la enfermedad significa que algo está fuera de equilibrio, y que nada sucede en el reino físico que no ocurra primero en el mundo metafísico. Piensa en el mundo espiritual como en una computadora y en el mundo físico como un papel impreso. Las decisiones reales se determinan a nivel del software. Estas decisiones, después se manifiestan físicamente en un documento impreso. Pero si necesitas corregir el texto, debes regresar a la computadora, corregir el error, y reimprimir el documento. En el mundo espiritual, las decisiones se realizan en el nivel de la conciencia. Por lo tanto, la enfermedad proviene también de ese nivel. Así, para tratar la enfermedad, debemos regresar a la conciencia. Una forma de hacer esto es invocando al Arcángel Rafael.

Rafael es un arcángel muy especial, cuya tarea es sanar la tierra. El nombre Rafael significa "Dios ha sanado". Cuando la aflicción nos golpea, debemos cubrirnos de la energía de Rafael. En el *Zóhar*, Rav Abba declara que "Rafael está encargado de sanar la tierra y a través de él la tierra proporciona una morada para el hombre, a quien también sana de sus enfermedades".

La descripción de la tarea de Rafael también aparece en el libro sagrado de Enoj. Allí se cita a Rafael como "una de las cuatro presencias que se encuentra por encima de las enfermedades, y de todas las heridas de los hijos del hombre".

Del mismo modo que Uriel, Rafael representa la Columna Central, o el equilibrio, la energía para sanar nuestras heridas. Su color también es el verde, que es además el color de la curación. Rafael gobierna el Oeste, y está representado por la cara del hombre, a quien el *Zóhar* se refiere como: "la bestia que puede hablar". Él rige nuestro dominio físico: *Maljut*, la *Sefirá* más alejada de la Luz, el reino de la manifestación o el Mundo de las Preguntas, tal como lo llaman los kabbalistas.

Rafael fue uno de los tres ángeles que visitaron a Abraham, para curar el dolor intenso de la circuncisión que se le había realizado. Y cuando Jacobo luchó furiosamente con el ángel, fue Rafael quien estuvo allí para sanar la herida de su muslo.

El Arí, Rav Isaac Luria, dijo: "Rafael está a cargo de la cámara del deseo y esta cámara despierta a *Maljut*". ¿Qué significa esto?

Recordarás que en el Mundo sin fin se creó una Vasija para recibir la Luz que el Creador compartía en abundancia. Esta Luz es Deseo. Sin deseo, la Luz no puede manifestarse. Todos somos aspectos de la Vasija, somos el deseo encarnado. El deseo, es la fuerza motivadora de este universo y los ángeles custodian las puertas del Reino de la Manifestación. Necesitamos a estos ángeles para poder crecer. Solo cuando existe un verdadero deseo por la Luz, los ángeles permiten que la energía potencial se manifieste en real. Rafael gobierna sobre el deseo, y puede ayudarnos a dirigir nuestro deseo para que se convierta en verdadero deseo por la Luz.

# 32. RAZIEL:
## EL ÁNGEL PRIMORDIAL

A pesar de no ser uno de los cuatro arcángeles, este ser extraordinario fue el primer ángel permanente. El nombre Raziel significa "ángel de los misterios" o "ángel de los secretos". La Kabbalah enseña que en el comienzo, la Luz creó la Vasija para que recibiera su beneficencia. En ese momento, todos los ángeles se combinaron en una sola fuerza. Raziel era la Vasija en forma angélica. Él era todos los ángeles. Cuando la Vasija se fragmentó, el ángel primordial explotó en miles de millones de partículas que componen las innumerables influencias angélicas actuales.

Raziel es la personificación de la Sefirá llamada *Jojmá*, que es donde se halla la Sabiduría Divina.

Según los sabios, el libro del ángel Raziel, conocido como *Sefer Raziel*, fue presentado a Adán en el Jardín del Edén. Por medio del ángel Raziel, pasó de las manos de Dios a las manos del primer hombre. El Libro de Raziel fue el primer libro escrito. Ciertamente, es el único libro conocido que fue preparado en el Cielo, enviado a la Tierra, ¡y cuyos fragmentos existen en la actualidad!

Sobre el Libro de Raziel, el *Zóhar* dice lo siguiente:

*Observa que el libro de las generaciones de Adán fue el mismo que el Santísimo entregó a Adán, cuando todavía se hallaba en el Jardín del Edén, a través del ángel Raziel, el guardián de los grandes misterios y de la doctrina secreta. En él estaba escrita toda la sabiduría y el conocimiento secreto sobre el nombre divino de setenta y dos letras y sus seiscientos setenta misterios esotéricos. También contenía las mil quinientas claves y el conocimiento y la comprensión que jamás se habían otorgado a nadie, ni siquiera a los ángeles, antes de entrar en posesión de Adán.*

Con este libro, Raziel se convirtió en el maestro de Adán, iniciándole en todos los órdenes de conocimiento, tanto celestial como terrenal. El *Zóhar* menciona que en la mitad de este libro, hay un pasaje secreto que explica las 1.500 claves del misterio del mundo, las cuales ni siquiera fueron reveladas a los sagrados ángeles. Pero, tal como explica la leyenda, dada la posición privilegiada de Raziel con Adán, los otros ángeles sintieron envidia. Impulsados por esos celos, le robaron a Adán el libro y lo arrojaron al mar. Se dice que entonces Dios encomendó a Rahab, un ángel y demonio fundamental de las profundidades, que rescatara el libro del agua y se lo devolviera a Adán; y así lo hizo.

Una vez devuelto a Adán, el libro fue pasando a través de las generaciones. Noé se educó en sus secretos, y a través de él aprendió el arte de construir una arca. Salomón fue el siguiente, se dice que obtuvo su inmenso conocimiento de la magia del *Libro de Raziel*.

# 33. LOS ÁNGELES DEL DÍA

Cada día de la semana tiene una energía particular, por lo que cada uno, está regido por un ángel único, cuya tarea consiste en proveerte su apoyo y protección durante ese día. Los Ángeles del Día son paquetes específicos de energía que controlan cada día de la semana.

**DOMINGO.** Desde el punto de vista kabbalístico, el primer día de la semana es el domingo. ¿Qué es el domingo? El día Uno del Universo. Es el día de la Creación, el punto de entrada de la Fuerza de Luz del Creador. Cada domingo podemos conectarnos con la semilla de todo, el ADN del universo. En este día no existe la separación entre el día y la noche; solo hay Luz y bendición.

**LUNES.** ¿Por qué nos deprimimos los lunes? Hay una buena razón. Este segundo día de la semana representa el nacimiento del Cielo y el Infierno, el origen de lo físico. El lunes es el único día sobre el cual Dios no dice: "es bueno". La energía del lunes, está enmarcada por el nacimiento del caos, la guerra, la enfermedad, y todos los demás horrores de nuestro mundo físico desde el inicio de los tiempos. Desde la perspectiva kabbalística, se puede decir que el lunes es un día negativo, durante el cual necesitarás toda la ayuda de los ángeles que puedas obtener. Es un día sin bendición. Si estás por comenzar un proyecto importante, ya sea un nuevo negocio o una operación quirúrgica, intenta encontrar otro día. Tal vez el martes.

**MARTES.** Este es un día de rejuvenecimiento y, según la Biblia, es el día en que se creó la hierba y los árboles. Pero el martes no tiene que ver con lo físico. La energía del martes se relaciona con la idea de las aguas que se juntan nuevamente, de aquello que ha sido separado y vuelve a reunirse, de la Luz y la Vasija volviendo a su unidad original. En este día el juicio desaparece. El martes es el día perfecto para los comienzos.

**MIÉRCOLES.** Miércoles fue el día en que se crearon el Sol y la Luna; y estos dos seres luminosos compitieron para establecer quién reinaría. El conflicto entre el Sol y la Luna dio origen a lo que la Kabbalah considera tal vez la fuerza más poderosa en la Tierra: los celos. Los celos matan tanto a la persona envidiada, como a la que siente envidia y, en esa transacción, lo único que cambia de manos es la energía negativa. Por lo tanto, el miércoles simboliza el nacimiento de Satán como la Fuerza Negativa, un Oponente insidioso en nuestras vidas que reside dentro de nosotros, y guía nuestros pensamientos hacia la destrucción. Este no es, en efecto, un día positivo.

**JUEVES.** Se trata de un día neutro, sin ninguna energía que llame mucho la atención por sí misma. El jueves es más bien un puente hacia el viernes.

**VIERNES.** El viernes es el sexto día. Es el día en que se crearon las bestias, pero lo más importante es que fue el día en que se creó al hombre. El hombre fue la última creación, lo cual indica su naturaleza única. Pero el hombre fluctúa entre dos extremos, puede ser el aspecto más importante de la Creación, o el menos importante. El *Zóhar* declara que si un hombre no evoluciona, hasta un mosquito está espiritualmente más avanzado que ese hombre. Un mosquito realiza su trabajo con una gran concentración, chupa sangre. Por otro lado, el hombre está tocado por una rara locura, ¿qué otra criatura mata por placer? Aun así, el hombre es la única criatura que puede evolucionar y transformar su naturaleza. Esta es nuestra tarea, al menos cuando nuestra conciencia es lo suficientemente elevada como para reconocerla.

En general, el viernes es un día positivo porque comienza la transición al Shabat. A las 12 del mediodía, hay una lucha entre las fuerzas negativas de la semana, y la energía positiva de Shabat. Es entonces cuando decimos *kegavná*, como una forma de protegernos de los ángeles negativos que parten antes de entrar en Shabat.

**SÁBADO.** Shabat es tan sagrado que no se considera un día, sino una ventana especial de conexión con el Mundo de las Respuestas. En este día, la Luz se otorga libremente a los humanos, simplemente por virtud de ese día.

# 34. LOS ÁNGELES DEL ZODÍACO

De la misma forma que existen ángeles para cada día de la semana, también hay ángeles que gobiernan cada uno de los doce signos del Zodíaco. Desde que el *Sefer Yetsirá* (Libro de la Formación) explicara las leyes de la astrología, tanto el poder de los planetas como el de los signos zodiacales, han sido clave para el conocimiento kabbalístico. El siguiente pasaje esotérico revela el vínculo entre los ángeles y los signos:

> *Y los 12 bordes del triángulo (que rodean a la Sefirá Yesod, las 12 tribus, los 12 meses del año, las diferentes direcciones) también tienen ángeles Emanados, porque su nombre indicará su ejército... y una evidencia de ello es el resultado de un mundo, un año, un alma, interpretamos que existen 12 signos en el mundo y algunas fuerzas en cada signo y en los meses del año, y también en los órganos.*

Nuestro *Tikún* o corrección está estrechamente ligado con nuestra carta astrológica, puesto que cada signo representa un desafío específico que debemos superar. También podemos invocar la asistencia angélica en el mes, representado por el signo del Zodiaco que personifica cada ángel.

**Aries.** Has nacido bajo un signo cardinal de fuego y tu desafío son los temas relacionados con el ego y el egocentrismo. Aries está regido por el ángel Uriel; pídele ayuda para reconocer las necesidades de los otros y para abrirte a ellos. Así es como crece una persona de Aries.

**Tauro.** Has nacido bajo un signo fijo de tierra y, tal como lo indican estas dos palabras: "fijo" y "tierra", tu desafío es la pereza, la terquedad y una falta de disposición a alejarte de tu zona de confort. Tauro está regido por el ángel Lahatiel; a él debes pedirle ayuda para que te libere de la seguridad limitante de tu rutina.

**Géminis.** Has nacido bajo un signo mutable de aire. Tiendes a agradar, pero tienes problemas para continuar con tus proyectos y finalizarlos. Géminis está regido por el ángel Pniel; pídele que te ayude a finalizar aquello que has comenzado.

**Cáncer.** Has nacido bajo un signo cardinal de agua y tu desafío es la sensibilidad extrema. Cáncer está regido por el ángel Zuriel; a él puedes pedirle que te ayude a liberarte de la hipersensibilidad y la tendencia a vivir en el pasado, para poder avanzar y completar tu *Tikún*.

**Leo.** Has nacido bajo un signo fijo de fuego. Tienes una gran capacidad para el liderazgo pero también una inclinación a hablar demasiado. Leo está regido por el ángel Barkiel; pídele a él que te motive para dar una oportunidad a los demás y para abrirte a aprender de ellos.

**Virgo.** Has nacido bajo un signo mutable de tierra. Dispones de una gran energía y voluntad de servicio, pero tienes tendencia a enfocarte en las pequeñeces y a ser muy crítico. Virgo está regido por el ángel Janiel; pídele él que te ayude a superar la necesidad de corregir y controlar a los demás y a aprender a soltar, que es un requerimiento básico para el crecimiento.

**Libra.** Has nacido bajo un signo cardinal de aire. Tienes la cualidad del equilibrio, la cual en ocasiones se convierte en un obstáculo para tomar decisiones. Libra está regido por el ángel Tzuriel; pide a este ángel que te ayude a comprometerte a seguir un camino que te impulse a trascender tu naturaleza y crecer.

**Escorpio.** Has nacido bajo un signo fijo de agua y tus desafíos están relacionados con el poder y el control. Escorpio está regido por el ángel Gabriel; pídele su ayuda para liberarte de la necesidad de controlar a los demás.

**Sagitario.** Has nacido bajo un signo mutable de fuego, con una gran energía pero con desafíos relacionados con el compromiso. Sagitario está regido por el ángel Meadoniel; pídele que te ayude a mantenerte en el camino y a ver más allá de él.

**Capricornio.** Has nacido bajo un signo cardinal de tierra, con una gran capacidad para el trabajo duro, pero con desafíos de infelicidad. Capricornio está regido por el ángel Shniel; pídele a él que te ayude a elevarte por encima de los confines de lo físico y a ver la naturaleza espiritual del universo.

**Acuario.** Has nacido bajo un signo fijo de aire. Eres un gran idealista, pero necesitas rebelarte y ser libre de la mayoría de las cosas. Acuario está regido por el ángel Gabriel; pídele a él que te ayude a comprender el mundo físico y los requisitos para vivir en él a medida que completas tu corrección.

**Piscis.** Has nacido bajo un signo mutable de agua y posees una gran sensibilidad, pero tienes problemas cuando se trata de ser firme y decidido. Piscis está regido por el ángel Rumiel; pídele a él que te ayude a superar tu naturaleza extremadamente sensible y a obtener claridad para ver lo que necesitas en tu vida.

# 35. LOS ÁNGELES PARA NUESTROS HIJOS

Según un antiguo texto llamado *Sefer Hatmuna*, el ángel Sandalfón vela por los fetos que se hallan en el vientre de toda mujer embarazada. Él es quien determina el sexo del niño.

> *El ángel Sandalfón echa una gota en el vientre de la madre y así imprime la marca de quién será varón y quién será mujer. Él guarda la gota hasta que sale al exterior.*

El ángel Layla (cuyo nombre no pronunciamos) tiene la importante función de supervisar el nacimiento de los niños, así como su destino: Layla determina si el nuevo bebé será fuerte o débil, inteligente o insensato, rico o pobre. El *Sefer Hatmuna* explica que, a medida que los bebés crecen, otro ángel llamado Paniel cumple con la maravillosa tarea de ocuparse de su felicidad y espiritualidad:

> *(...) aquellos ángeles piadosos nunca cambian y continúan realizando una sola misión. No pueden ser vistos salvo que alguien sea muy feliz. A cargo de esta cámara está Paniel.*

# 36. LOS ÁNGELES DE LA FELICIDAD

La Kabbalah enseña que la verdadera felicidad no es una reacción a sucesos externos. Es posible que finalmente te hayas comprado el coche que tanto querías, hayas obtenido ese aumento que tanto deseabas, o hayas conocido a la mujer de tus sueños, pero en poco tiempo esa euforia se disipará.

La alegría no surge como respuesta a un estímulo externo, sino que funciona precisamente del modo contrario. La felicidad es una fuerza que emana de nuestro interior. Cuando traemos nuestra felicidad al mundo, las experiencias más comunes — una hoja bruñida, el cielo al amanecer, una sonrisa amigable, el sonido de la lluvia sobre el tejado, los leños crujiendo en la hoguera— evocan placer. De repente, estas experiencias dejan de ser mundanas. Esta es la naturaleza de la verdadera apreciación; la alegría desborda nuestros sentidos y conquista el Mundo de las Preguntas, abriendo las puertas de la Luz. La energía de los ángeles es la semilla de esta felicidad verdadera. Efectivamente, podemos invocar a los ángeles de la felicidad y hacer que se manifiesten con una sola palabra aramea: *Hidu*. En la tercera parte del libro, te contaré con detalle cómo puedes hacerlo.

# 37. METATRÓN: DE HUMANO A ANGÉLICO

El ángel Metatrón (cuyo nombre no pronunciamos) es único en toda la jerarquía celestial, porque es el único ángel que comenzó su vida en forma humana, pero ascendió al estado angélico a través de su trabajo espiritual y su transformación. Como hombre, se le conocía como Enoj. Cuando Dios lo transformó en ángel, le otorgó el nombre de Metatrón.

El *Zóhar* reconoce a Metatrón como el ángel que guió al pueblo de Israel a través del desierto tras el éxodo de Egipto. Sin embargo, puesto que tiene un origen humano, por virtud de este enorme logro, ahora gobierna por encima de cualquier otro ángel.

Metatrón transmite las órdenes diarias de Dios al Arcángel Gabriel y al Ángel de la Muerte. Y esto nos lleva al segundo tipo de ángeles permanentes, aquellos que no queremos atraer hacia nosotros porque gobiernan sobre la Inclinación al Mal.

# 38. LOS ÁNGELES NEGATIVOS

El *Zóhar* describe a los "ángeles de la destrucción", los demonios del mundo, de la siguiente forma:

> *Y hay cuatro criaturas vivientes naturales, es decir, ángeles designados sobre cuerpos que están compuestos por los cuatro elementos básicos: fuego, aire, agua y tierra, y que son puros. Opuestos a ellos, hay cuatro criaturas vivientes de presa, es decir, los ángeles de destrucción.*

Los nombres de los ángeles oscuros no se pronuncian por miedo a atraerlos a nuestro lado. Pero de todos modos, nos encontramos con ellos, especialmente en tiempos de calamidad. Cuando el Mundo de las Respuestas colisiona con el Mundo de las Preguntas, cuando lo espiritual choca con lo físico, se produce un violento destello de conexión. Los temblores resquebrajan la tierra, y nosotros llamamos a este resultado "terremotos".

Los geólogos consideran que estas convulsiones son fortuitas e imposibles de predecir, puesto que resultan del desplazamiento de las grandes placas tectónicas que se encuentran bajo la superficie de la Tierra. Pero el *Zóhar* explica que la devastación, como todo lo demás en este plano físico, tiene su causa en el mundo espiritual. La conciencia es la creadora de los eventos físicos; por lo tanto, cuando tienen lugar terribles calamidades, éstas han sido provocadas por nuestra conciencia colectiva. Y un terremoto significa una toma de posesión por parte de los ángeles de destrucción.

> *Rav Yitzjak se acercó a una montaña y vio a un hombre durmiendo a la sombra de un árbol. Rav Yitzjak se sentó allí. Mientras estaba sentado, notó que la tierra empezaba a moverse y que el árbol se rompía y finalmente caía. Vio agujeros y fisuras en la Tierra, y cómo ésta se elevaba y hundía.*

> *El hombre dormido se despertó y gritó a Rav Yitzjak: "¡Llora y laméntate porque ahora están designando en el cielo a un ministro, un gobernante supremo destinado a perpetrar grandes males a tu pueblo! Estos temblores en la Tierra son por causa de ustedes, porque cada vez que la Tierra tiembla, ¡significa que en el cielo se eleva un ministro que ejercerá el mal con ustedes!".*

Samael (cuyo nombre no pronunciamos) es el nombre codificado del embustero supremo. Como maestro y comandante de los ángeles negativos, él nos incita constantemente a la maldad. Él nunca nos dice exactamente lo que debemos hacer. No, el comandante simplemente pone la inclinación en nuestras cabezas.

Samael vive, según el *Zóhar*, en la Vía Láctea, junto con el ejército satánico. Y resulta interesante destacar que recientemente la ciencia ha descubierto un monstruoso agujero negro en la galaxia de la Vía Láctea.

El nombre Samael deriva de la palabra "sami", que significa *ciego*. El sufijo "el", significa Dios. Ciego de Dios. Samael está vinculado a Marte, el planeta de la guerra, y conectado con la *Sefirá* de *Guevurá*, que representa el juicio y el poder. A lo largo de la historia, los kabbalistas han tenido opiniones encontradas sobre Samael, algunos lo colocaban a la cabeza de la jerarquía demoníaca, junto con su esposa Lilith (cuyo nombre tampoco pronunciamos ni decimos en voz alta porque hacerlo traería caos a nuestras vidas), mientras que otros lo veían simplemente como un componente molesto pero necesario de la Creación.

# 39. LA GALERÍA DE LOS RUFIANES

Los sabios han estimado que existen miles y miles de ángeles de destrucción. ¿Qué pueden hacer estos maliciosos subordinados de Satán? Para comenzar, pueden hacer que andes por las calles en la noche de un miércoles o un viernes. Sí, en los antiguos textos está escrito que debes ser extremadamente precavido cuando salgas solo durante esas noches, ya que es el momento en que un ángel supremamente negativo, Igeret Bat Majala, se dedica a sembrar malicia, y lo hace con ayuda de 180.000 ángeles saboteadores, cada uno de los cuales puede causar daño a los seres humanos.

Siete de estos ángeles negativos se conocen como los "Ángeles de la Confusión". Dios los envío a la corte del Rey Ahashverosh en los tiempos de la Reina Ester, para castigar y confundir al rey. Es posible que estos ángeles también estuvieran presentes en la Torre de Babel, cuando nació la multiplicidad de lenguas y se instauró la confusión permanente en la humanidad, para sembrar caos en la Tierra.

También hay siete ángeles que gobiernan el Infierno. Los preside Dumá. Sus viles seguidores en el siniestro reino celestial incluyen a Kushiel, Lahatiel, Shaftiel, Majtiel, Jutriel y Pusiel. También hay ángeles involucrados en los engaños y en la oposición. Ellos bloquean nuestro camino y entorpecen nuestro progreso. De hecho, dos de ellos, Aza y Azael, se opusieron a la creación del hombre desde el comienzo:

*Cuando la Shejiná dijo al Santísimo, bendito sea Él: "Creemos al hombre", Aza y Azael respondieron: "¿Qué es el hombre para que tomes conocimiento de él?" (Tehilim, 144:3). "¿Por qué deseas crear al hombre cuando sabes que definitivamente pecará ante ti con su esposa?".*

# 40. LOS ÁNGELES DE LA MUERTE

A través del tiempo, en las escrituras espirituales se han mencionado más de una docena de ángeles de la muerte. A algunos se les han asignado tareas específicas:

- Gabriel gobierna sobre la muerte de las personas jóvenes.
- Mashhit se ocupa de la muerte de los niños.
- Kafziel supervisa la muerte de los reyes.
- Meshaber y Hemá tienen dominio sobre los animales.

Sin embargo, Satán es el Ángel primordial de la Muerte. En los textos antiguos, está escrito que Satán no se detiene en la tumba. Si su víctima no ha crecido espiritualmente durante su vida, si el Deseo de Recibir Sólo para Sí Mismo todavía perdura, Satán envía un terrible ejército de ángeles vengadores que golpean su cuerpo cuando éste aún se encuentra en su lugar de descanso.

Esto plantea una pregunta interesante. Si esa persona ya está muerta, ¿qué importan estos golpes? ¿Acaso podría sentirlos? Pero la Kabbalah enseña que aún en la muerte tenemos conciencia. En efecto, nuestra conciencia está determinada por el nivel, de tres existentes, que nuestra alma habita.

El nivel más bajo se conoce en arameo como *Nefesh*, y es el que está más cerca a el alma de un animal. Si vives como una bestia, tu conciencia residirá en este nivel y continuarás sufriendo aun en la tumba. Pero si has trabajado en tu espiritualidad, y has logrado un cierto grado de elevación espiritual, alcanzarás el nivel de conciencia siguiente: *Ruaj*. Entonces, una vez que mueres, no te encuentras verdaderamente en tu tumba, sino en algún lugar entre el Cielo y la Tierra. Aquellos que alcanzan *Neshamá*, el nivel más alto, no experimentan la muerte en absoluto.

Pero recuerda: el Ángel de la Muerte representa no sólo el fallecimiento físico, sino la energía de muerte que se extiende a nuestras relaciones, nuestros negocios y nuestros sueños. Él es la personificación de la Inclinación al Mal, un embustero de dos caras: masculina y femenina. Cuando juega con nosotros, nos encanta con sus tretas; cuando se teje una mentira con un pequeño granito de verdad en el centro, el Ángel de la Muerte obtiene el permiso para entrar por la puerta de atrás.

A lo largo de nuestras vidas, el Ángel de la Muerte celebra nuestra negatividad y nuestro ego, nuestro Deseo de Recibir Sólo para Sí Mismo. Nuestra ira, odio y avaricia proveen energía al Ángel de la Muerte a diario. ¿Paro cardiaco, cáncer, derrame cerebral, accidente automovilístico o suicidio? La causa de la muerte establecida en el informe forense nunca es la causa real, sino sólo el efecto. Cuando perecemos, es porque el Ángel de la Muerte ha obtenido el permiso para finalizar el juego a causa de nuestro karma y nuestras acciones.

# 41. LOS ÁNGELES DE LAS CÁMARAS DEL UNIVERSO

La arquitectura del mundo espiritual es más vasta y más misteriosa de lo que podemos imaginar. He descrito las diez *Sefirot*, pero también existen cinco mundos separados del universo, tal como se describe en la escalera de Jacobo, los tres niveles del alma a los que me he referido anteriormente y las siete "cámaras" espirituales en el mundo de la Creación. Según sus méritos, cada alma humana habita en una de estas cámaras, y cada cámara tiene un ángel que la guarda y gobierna.

La Primera Cámara o la más elevada, es la primordial. Allí, las almas de los justos disfrutan de lo que los libros sagrados llaman "paz, bendiciones y tesoros". El ángel Adraniel está a cargo de ella.

La Segunda Cámara es un mundo bastante cercano al Reino de los Cielos. El ángel que está a su cargo es Oriel. En el enrarecido mundo de la Segunda Cámara, habita un grupo especial de almas: los espíritus de aquellos que fueron injustamente asesinados por otros humanos y cuyas muertes merecen ser vengadas. Esta porción de la segunda cámara está gobernada por el ángel Adarniel.

Los ángeles de la misericordia moran en la Tercera Cámara.

Kadshiel es el ángel que está a cargo. Una parte de la Tercera Cámara está reservada para las almas de aquellos que fueron llevados al Infierno porque querían arrepentirse en la Tierra pero no pudieron finalizar esta tarea en el momento de su muerte. Cuando completan su proceso de curación en el Infierno, el ángel Adraniel los lleva de nuevo hacia arriba, donde viven en relativa tranquilidad en esta Tercera Cámara.

La Cuarta Cámara contiene a los Ángeles Supremos de la Columna Derecha, la Columna de la energía de compartir y la energía positiva. Las almas de las personas que residen en esta cámara no vuelven a morir y a renacer. Una vez que han logrado la corrección, permanecen allí. El ángel Padael gobierna la Cuarta Cámara.

En la Quinta Cámara viven los Ángeles Saboteadores de la Columna Izquierda. Esta Columna representa el Deseo de Recibir Sólo para Sí Mismo, la energía del ego, la negatividad y la desconexión con la Luz. Esta es la morada de aquellos que no se corrigieron mientras se encontraban en su cuerpo. Una porción de esta cámara, controlada por el ángel Samael (cuyo nombre no pronunciamos), está destinada a las llamadas "almas extranjeras".

Lo único positivo que puede decirse sobre la Sexta Cámara, es que no es tan oscura como la Séptima. De todas formas, la penúltima cámara es ciertamente muy oscura. Sin embargo, en la Sexta Cámara penetra algo de luz, ya que los ángeles que están allí animan a las personas a que estudien y trabajen con el *Zóhar*, que es una fuente de poder espiritual. El ángel a cargo de este reino es Kdumiel.

Finalmente, llegamos a la Cámara más baja, la más alejada del Mundo sin fin y de la Luz. Los sabios la describen aludiendo a "los espíritus fantasmales sin forma ni configuración que deambulan por la noche" en este lugar inhóspito. El ángel a cargo del reino oscuro de la Séptima Cámara es Tahariel.

# 42. LOS ÁNGELES DEL JUICIO

¿Cómo se determina qué almas son justas y cuáles siguen necesitando corrección? ¿Qué almas residen en la Primera Cámara del universo y cuáles en la Séptima? De nuevo, esta es la función de los ángeles. A medida que vivimos nuestros destinos individuales, un equipo de ángeles nos custodia y emite un veredicto sobre nuestras acciones.

*En la primera puerta se encuentra el jefe: Malkiel, a cargo de las notas en las que se escribe el veredicto pronunciado por la corte del Rey que juzga el mundo. Este jefe supervisa dichas notas junto con dos escribas, uno a su derecha y otro a su izquierda. Antes de abandonar la puerta, Malkiel recibe las notas que deben corregirse y entregarse al jefe de la Primera Cámara. Una vez que son entregadas al jefe de la Primera Cámara, abandonan el lugar y no hay posibilidad regresarlas para corregirlas.*

Según los textos antiguos, los ángeles disponen de balanzas que sopesan nuestros pecados con nuestros méritos. Ellos son nuestros jueces mientras trabajamos en lo que se llama el "horripilante lodo" de la Inclinación al Mal, haciendo todo lo posible por saldar nuestra "deuda".

*En cuanto a todos los preceptos del mundo, los ánge-*
*les sagrados —nombrados según los méritos del*
*mundo— los llevan y los colocan en la cuarta cámara*
*DE SANTIDAD llamada "mérito", donde se encuentran*
*los preceptos del hombre. Los pecados se hallan en*
*otra cámara llamada "deuda". En Rosh Hashaná,*
*ambos se equilibran porque "Elohim ha hecho tanto*
*uno como lo otro" (Kohélet, 7:14) y según la inclinación*
*de la balanza hacia el lado de los preceptos o de los*
*pecados, ganará uno de los dos lados. SI HAY MÁS*
*PECADOS, GANA EL OTRO LADO; Y SI HAY MÁS PRE-*
*CEPTOS, GANA LA SANTIDAD.*

Otros ángeles supervisan a los bienintencionados. Son las personas que tienen un gran deseo de hacer su trabajo espiritual.
Tienen pensamientos positivos y llevan a cabo buenas
acciones, pero simplemente no son capaces de elevarse a una
conciencia superior. Según los textos antiguos, estas almas
que se esfuerzan no son olvidadas, y disponen de ángeles
especiales que las protegen.

*También hay un ángel que gobierna sobre aquellos que*
*necesitan arrepentimiento, pero que no han transforma-*
*do su naturaleza suficientemente. Lamentablemente,*
*merecen los efectos de sus acciones, porque no han*
*cambiado su conciencia lo suficiente como para trans-*
*formar los efectos en bendiciones.*

Por supuesto, ninguno de nosotros quiere ser juzgado de esta manera. Pero a través del arrepentimiento, la oración, las buenas acciones y la caridad, que en arameo se llama *tzadaká*, tenemos la posibilidad de transformarnos a nosotros mismos.

# 3

## ENVÍAME UN ÁNGEL

YA TIENES UNA IDEA GENERAL DE
CUÁL ES LA LISTA DE JUGADORES,
AQUELLOS ÁNGELES PERMANENTES,
QUE SON ASPECTOS IMPORTANTES
DE LA CONCIENCIA Y LAS ACCIONES
DE TU VIDA.

LOS ÁNGELES PUEDEN VERSE DIREC-
TAMENTE, Y DE HECHO HAY GENTE
QUE LOS VE, E INCLUSO ALGUNOS
PUEDEN OÍRLOS. PERO EL OBJETIVO
REAL NO ES VER A LOS ÁNGELES,
SINO LLAMARLOS Y ACERCARLOS A
NOSOTROS PARA PODER UTILIZAR-
LOS EN NUESTRA VIDA. EN LAS
PÁGINAS SIGUIENTES TE MOSTRARÉ
CÓMO HACERLO.

# 43. LA TECNOLOGÍA DEL ALMA

El conocimiento de los ángeles nos brinda acceso a un conjunto de herramientas que pueden ayudarnos a disfrutar de una vida libre de caos. Cuanto mayor sea nuestra conciencia, más ángeles positivos atraeremos para que nos guíen. Este libro es una herramienta para crear esta conciencia que generará un ejército de ángeles positivos a nuestra derecha. ¿Pero cómo lo hacemos? Piensa en cómo utilizamos las computadoras. No necesitamos comprender el funcionamiento de la placa de circuitos para enviar un correo electrónico, ¿verdad? Todo lo que debemos hacer para mandar un correo electrónico al ciberespacio es hacer clic en el botón ENVIAR.

Los ángeles son una tecnología, igual que las computadoras. Nuestro buen comportamiento hace clic sobre el correo electrónico, activa la tecla ENVIAR y los ángeles positivos aparecen en nuestra vida. Nosotros iniciamos la acción y los ángeles se ponen en marcha, suministrando apoyo y seguimiento.

Además de estos ángeles transitorios, siempre habrá momentos en los que necesitaremos hacer uso de un ángel permanente específico. La Kabbalah suministra los medios para lograr el acceso a la red invisible de ángeles, a fin de poder activar su poder y aprovecharlo.

De hecho, la Kabbalah es un amplio directorio de ángeles, que describe el trabajo que realizan y el dominio que gobiernan. ¿Cómo los llamamos? Con la oración.

# 44. LA CONEXIÓN CON TUS ÁNGELES

Los ángeles son el pasaje, nuestro sistema de transporte, que nos permite movernos entre el Mundo de las Preguntas y el Mundo de las Respuestas. ¿Y cómo nos conectamos con los ángeles?

Mediante la oración.

Para los kabbalistas, la oración no es nada menos que un medio para participar en la dinámica cuántica del universo. "Cuántica" es una palabra científica y erudita, pero su significado es simple y asombroso: de una forma que no podemos percibir, todo en el mundo está conectado y todo afecta a todo lo demás. A pesar de que la conciencia normal percibe separación y desconexión, los antiguos sabios y los científicos de vanguardia, enseñan que existe una realidad superior y una unidad más fundamental. Brian Greene, profesor de Física y Ciencias Matemáticas de la Universidad de Columbia, describe la dinámica cuántica de la siguiente forma:

> "La mecánica cuántica desafía este punto de vista [convencional] del espacio al revelar, al menos en ciertas circunstancias, una capacidad de trascender el espacio; las conexiones cuánticas de largo alcance pueden sortear la separación espacial. Es posible que dos objetos se encuentren lejos en el espacio, pero para la mecánica cuántica, ambos son como una sola entidad".

La oración es una forma de acceder a esta conexión y restaurar la unidad primordial entre todas las cosas. A través de la oración y la conexión con los ángeles, obtendremos cambios positivos en nuestra vida, aun cuando el mecanismo de estos cambios sea invisible.

Sin embargo, nuestras plegarias no pueden ser simplemente pensamientos o palabras vacías. Según el *Zóhar*:

> *"La oración está compuesta tanto de acciones como de palabras, y cuando la acción es defectuosa, la palabra no encuentra lugar donde asentarse; tal oración no es una oración, y el hombre que la ofrece es defectuoso tanto en el Mundo Superior como en el Inferior".*

El *Zóhar* nos enseña que, para ser efectiva, la oración debe ir acompañada de acción. La atención y la concentración dirigidas que acompañan las palabras de una oración se denominan *kavaná*. El gran Kabbalista del siglo XI, Rav Bajyé Ibn Paquda, declaró que la oración sin *kavaná* es como un cuerpo sin alma o una cáscara sin semilla. Las palabras de una oración son el canal para el aspecto más importante de la *kavaná*, que es el alma de la oración.

Tu destino es una función de tu conciencia; no basta sólo con realizar los movimientos de una oración. Tu nivel de conciencia y tus acciones verdaderas determinarán si te conectas con los Reinos Superiores y si eres capaz de eliminar la energía negativa que has acumulado a tu alrededor. Esto significa que tu oración no puede ser una rutina o repetición. "Aquel que hace de su oración una tarea fija —advirtió Rav Eliezer—, su oración no es una oración". Una banda de ángeles acepta o rechaza las oraciones dependiendo del nivel de pureza de la persona que ora. Las oraciones rechazadas o inadecuadas no se destruyen, sino que se almacenan y reenvían a Dios cuando la persona se arrepiente. El *Zóhar* lo describe así:

*"Si la oración es solitaria, se eleva hasta alcanzar la entrada de la cámara donde se encuentra el jefe. Si es lo suficientemente buena como para ser presentada ante el Rey Santo, él abre la puerta inmediatamente y la deja entrar. Si no es digna, la rechaza, y la oración desciende para quedar flotando en el más bajo de los firmamentos del Mundo Inferior, donde está al cargo un jefe llamado Sahadiel. Él toma todas las oraciones rechazadas, llamadas 'oraciones inadecuadas', y las guarda hasta que la persona se transforma. Si esta persona se arrepiente ante su Señor y realiza otra buena oración, ésta se eleva y el jefe Sahadiel toma la oración INADECUADA y la eleva para que se una a la oración buena. Así, ambas se elevan y se combinan para presentarse ante el Rey Santo".*

La palabra aramea para oración, *tefilá*, puede traducirse como "secundaria" o "trivial". Sin embargo, esto no significa que las palabras de una oración sean innecesarias. Del mismo modo que el alma necesita un cuerpo para expresarse dentro de la existencia física, la conciencia necesita las palabras y las letras de nuestras oraciones para manifestarse en el dominio físico.

Cuando completamos la oración en el sentido kabbalístico, infundimos la Luz que se encuentra siempre presente en nuestra conciencia. Comprender este funcionamiento, está fuera del alcance de nuestra percepción, pero la oración con *kavaná* nos conecta directamente con los ángeles y la Luz del Creador. Ganarnos la protección de un ángel no es un ejercicio intelectual; la clave es la conciencia. Tomemos en consideración la famosa herramienta kabbalística conocida como el Hilo Rojo: tiene una forma física, pero también tiene una conciencia. Este hilo rojo de lana está imbuido con la energía de protección de la tumba de Raquel en Israel. Llevamos el Hilo Rojo en nuestra muñeca izquierda porque, según el Sistema de Tres Columnas, el lado izquierdo es el de recibir. El Hilo Rojo está diseñado para protegernos de las vibraciones del Mal de Ojo, provenientes de los celos y la envidia de otras personas que nos bombardean y se infiltran en nosotros por el lado izquierdo. El Hilo Rojo es un objeto físico, pero opera en el espacio donde la conciencia se une a lo físico.

Este espacio es el dominio de los ángeles. Cuando llevamos puesto el Hilo Rojo, son los ángeles los que están protegiéndonos, operando más en un nivel espiritual, que a través de la cualidad física del Hilo Rojo. Al llevar el Hilo Rojo, entramos en contacto con la energía física que crea milagros.

# 45. LAS LETRAS DE LOS ÁNGELES

Entonces ¿cómo contactamos exactamente con los ángeles? ¿Y qué lenguaje utilizamos para rezarles?

La Kabbalah y los antiguos textos sagrados nos dan un signo claro. En el *Libro de la Formación*, Abraham revela las estructuras secretas del universo y una de las claves es el idioma arameo. Según Abraham y todos los kabbalistas posteriores, el arameo tiene un poder único. No es simplemente una lengua: sus letras son el alfabeto de la creación, el ADN del universo.

Los biólogos saben que todas las cosas vivientes están compuestas por cuatro letras: A, T, C y G. Este es el alfabeto genético de nuestro ADN. Estas letras representan las sustancias químicas que se combinan, y crean las instrucciones necesarias para construir las proteínas que son la base de la vida. De la misma manera, según la Kabbalah, el universo está compuesto por un alfabeto genético que consiste de 22 letras arameas (que son las mismas que las hebreas). Cada una de estas letras, representa una energía particular, que se combina con otras en secuencias específicas, para construir nuestro universo.

A través de nuestras oraciones y bendiciones, podemos conectarnos con el poder de las letras arameas, los motores de creación que nos conectan con la Fuerza de Luz del Creador. Podemos usar las letras arameas para conectarnos con los ángeles. Los textos antiguos dicen que las letras arameas son letras que "Dios utilizó en la Creación y en el Jardín del Edén".

Sin embargo, antes de que te lleves las manos a la cabeza y digas: "¡Yo no sé leer arameo!", debes comprender una información muy importante concerniente a las letras arameas y la conexión con los ángeles.

Las letras arameas son canales de energía. Con la conciencia correcta, puedes conectarte con esta energía simplemente escaneando estas letras, es decir, recorriendo con tus ojos una secuencia particular de letras. El hecho de pasar tus ojos sobre estas secuencias, funciona de la misma manera que un escáner en una tienda: los datos van directamente a una computadora que se encuentra en algún otro lugar. Tú no tienes idea de dónde está, pero tampoco importa. Lo mismo sucede cuando escaneas los nombres de los ángeles. La forma y la configuración de las letras arameas están diseñadas para canalizar la fuerza creativa de la Luz a nuestro mundo y a nuestras vidas. Aunque tú no puedas comprender el arameo, tu alma puede leer estas letras. En otras palabras: no necesitas comprender el código en el que se ha escrito el software de tu computadora, simplemente necesitas saber cómo encenderla y comenzar a teclear. El uso del arameo, las letras de los ángeles, implica simplemente escanear, y decir las oraciones con la conciencia correcta. Los sabios y kabbalistas antiguos han obtenido estas secuencias a través de miles de años mediante inspiración divina. Cuando las escaneas, te estás conectando con las energías invisibles de un universo que se encuentra fuera del alcance de tu mente racional.

# 46. CÓMO CONECTARTE CON LA VOZ DE TU ÁNGEL GUARDIÁN

Cuando permanecemos en silencio, lo suficientemente tranquilos, podemos sentir una voz interior que nos indica el camino adecuado que debemos seguir. Es posible que no la escuchemos, que la ignoremos porque no queremos oír lo que tiene para decirnos; pero en ese caso estamos cometiendo un error. Pues ésta es la voz de nuestro ser superior y nuestro Ángel Guardián. Él ha estado con nosotros desde que nacimos, y es nuestra conexión con la Luz. Ahora bien, ¿cómo nos calmamos lo suficiente como para lograr el acceso a esa voz, y escuchar los consejos que nuestro Ángel Guardián tiene para ofrecernos? El siguiente ejercicio te ayudará a lograrlo. Si quieres, puedes grabarlo y luego reproducirlo para que no lo tengas que leer. Este ejercicio debería llevarte entre 15 y 30 minutos.

- Encuentra un lugar positivo en el que te sientas seguro y relajado.
- Enciende una vela.
- Apaga las luces, desconecta el teléfono y asegúrate de que nadie te interrumpa.
- Coloca las plantas de los pies en contacto con el suelo, y deja que tus manos descansen sobre tus piernas. Relájate. Asegúrate de no cruzar las manos ni las piernas.

- Observa el parpadeo de la luz de la vela.
- Haz unas respiraciones profundas.
- Siente cómo se relaja el extremo de tu cabeza, y esa sensación baja por tu cuello, brazos y hombros, hasta llegar a la punta de tus dedos. Una sensación de calor desciende por tu torso y recorre tu columna vertebral. Llena tu pecho con la energía de la Luz. Más profundo, más profundo, llena tu torso. Ahora, deja que esta energía vaya hasta tu cadera, tus rodillas, baje por tus piernas y llegue hasta tus pies.
- Rodéate de un maravilloso sentimiento a medida que la Fuerza de Luz va penetrando en tu cuerpo; esta luz blanca entra por todo tu cuerpo, cada vez más profundo.
- Ahora cierra los ojos. Mentalmente, camina hacia un túnel o pasadizo, al final del cual se ve la cálida luz del sol.
- Mientras avanzas hacia la luz, podrás ver una puerta.
- Levanta ahora esa puerta como si fuera la de un garaje, que se abre lentamente.
- Cuando comienzas a levantar la puerta, ves una especie de energía. No tengas ninguna idea preconcebida acerca de lo que verás.
- Eleva la puerta un poco más. Esa energía no tiene que tener seis alas blancas. Tomará alguna forma, pero no tiene que ser una persona. Levanta la puerta y deja que la energía penetre en tus pensamientos.
- Intenta conectarte con esa energía. Haz un esfuerzo por compenetrarte con ella. Entra profundamente en ella. ¿De qué color es? ¿De dónde proviene? ¿Es cálida? ¿Qué

querrías hacer con ella?

- Debes saber que tu Ángel Guardián está allí para ti todo el tiempo. Lo único que tienes que hacer es pedir desde tu interior, y tu Ángel Guardián te mostrará su presencia.
- Siente la calidez y el cariño de tu Ángel Guardián. Sumérgete en la Luz.
- Ahora es tiempo de regresar. Debes saber que esa puerta está allí para que la abras siempre que necesites ayuda. Si te concentras y tus pensamientos son puros, puedes entrar en este estado meditativo para encontrarla.
- Ahora imagina que estás observando un hermoso día de primavera. Mira la luz del sol y el hermoso cielo, disfruta del aroma de las flores y la calidez del sol.
- Ahora cuenta hacia atrás desde el diez.
- Respira profundo y abre lentamente los ojos.
- Enciende una luz tenue para que tus ojos se aclimaten a ella cómodamente.

Intenta realizar esta meditación una o dos veces a la semana. Abrir la puerta y levantarla en tu mente, es la parte más difícil del ejercicio. Estás eliminando la negatividad que bloquea la Luz. Cuando tenemos más Luz en nuestras vidas y más empatía hacia los demás, podemos elevarnos a otro estado, a otro nivel espiritual.

# 47. LLAMAR A LOS ARCÁNGELES

¿Cómo llamas a los arcángeles Mijael, Gabriel, Uriel y Rafael? El sólo hecho de invocar sus nombres no atraerá sus poderes. Los kabbalistas enseñan que debes revestirte de su energía al llamarlos.

Por ejemplo, si quieres obtener la protección de Mijael, debes revestirte a ti mismo y a tu conciencia de su energía realizando actos de compartir. La intención y la acción son extremadamente importantes. Debes meditar sobre Mijael y su nombre, estableciendo una conexión espiritual mientras compartes con personas, es decir, mientras realizas una acción física. De esta forma, activas las cualidades de Mijael en ti y en otros —las cualidades de la misericordia— y esto te llevará a eliminar juicios.

Cuando te revistes de la energía de Gabriel, personificas la justicia y la fortaleza. Cuando te revistes de la energía de Uriel, alcanzas el equilibro y, como un águila, te elevas por encima de toda lucha circunstancial. Cuando te revistes de la energía de Rafael, tu intención se concentra en sanar y en el deseo.

# 48. CÓMO CONECTARTE CON LOS ÁNGELES DEL DÍA

Los Kabbalistas han construido una herramienta para conectarte con los Ángeles del Día. Es como un directorio telefónico, aunque probablemente no se parezca a las páginas amarillas que ya conoces. De hecho, este directorio no está pensado para ser leído en voz alta; son como números de teléfono a los que puedes llamar con sólo mirarlos.

Cada uno de estos siete ángeles representa la energía única de su día. Si hoy es martes, abre éste libro en la página del ángel del martes y escanea las letras hebreas de esa página. Es así de simple. Haz lo mismo el miércoles para el ángel del miércoles y el jueves para el ángel del jueves. La mañana es una buena hora para realizar esta práctica, porque hay menos interferencias en tu mente y experimentarás menos resistencia al conectarte con el ángel del día.

Pero recuerda, al contrario que el español, el arameo se lee de derecha a izquierda. Utiliza tu dedo para escanear lentamente las letras de derecha a izquierda y de arriba hacia abajo. A medida que las recorres con los ojos, piensa que el ángel del día te está enviando su energía, ofreciéndote tu protección y otorgándote el poder para controlar el día que empieza. Después permanece sentado por un momento. Tus ojos pueden estar abiertos o cerrados, según lo que te ayude a mantenerte en un estado más profundo y centrado. Ahora es cuando experimentarás lo que los científicos llaman el "estado alfa".

Escanea el ángel del día diariamente, durante dos semanas y notarás la diferencia en la calidad de tu día.

ÁNGELES DEL DÍA

יוֹם אֶ יְהֹוָה

DOMINGO

יוּד הֵי וָו הֵי יוּד הֵי וָאו הֵי
אֵל שַׁדָי יָאולְדֹפֹהַהֵייִיאוּוֹדֹהֹהֵיי
אָנָא בְכחַ גְדוּלַת יְמִינְךָ תַתִיר צְרוּרָה
אַבְגִיתַץ יְהֶוֶה יְהֶוֶה
סֶמֶטוֹרִיָה גֶזְרִיאֵל וְעַנָאֵל לְמַואֵל

ר״ת סגּוֹל

← Dirección del escaneo

ÁNGELES DEL DÍA

## יוֹם בׂ

LUNES

יוֹד הֵי וַאוֹ הֵי יוֹד הֵי וַאוֹ הֵי וְאוֹ הֵי יוֹד הֵי וַאוֹ הֵא
אל יהוה יאולדרפההאאיאוודההאא
קׂבׂל רׂנׂת עׂמׂך שׂגׂבׂנוּ טׂהׂרׂנוּ נוֹרׂא
קׂרְעׂשְׂטׂן יֲהֲוֲה יְהֲוֲה
שׂמׂעׂיׂאל בׂרכׂיׂאל אהׂנׂיׂאל

ר"ת שׂוׂא

Dirección del escaneo

ÁNGELES DEL DÍA

# יוֹם גֹּ

MARTES

יוֹד הֹא וֹאוּ הֹא יוֹד הֶה וָו הֶה
אֹל אֹדֹנִי יֹאוֹלדֹפֹהֹהֹהֹוֹיוֹודֹהֹהֹהֹה
נֹא גֹבוֹר דֹורֹשֹׂי יֹוֹודֹך כֹבֹבֹת שֹׂמֹרֹם
נֹגֹדֹיֹכֹשֹׂ יֵהֹוֹה יְהֹוֹה
וֹהֹיֹאֹל לֹהֹדֹיֹאֹל מֹוֹהֹיֹאֹל

ר"ת וֹהֹלם

Dirección del escaneo

ÁNGELES DEL DÍA

## יום ד׳

MIÉRCOLES

יוֹד הֵא וָאוֹ הֵא יוֹד הֵה וָו הֵה
אל אֲדֹנָי יאוכלדפההההויוודההתה
בּרכם טהרם רוזמי צדקתך תמיד גמלם
בּטְרֶצְתֵג יַהֲוָה יהוה
וֹזֹקִיֵאל רהטִיֵאל קְדֹשִׁיֵאל

ר״ת וזרקֿ

Dirección del escaneo

יוֹם הֵ

JUEVES

יֵוּד הֵי וָאוּ הֵי וְיֵוֹד הֵי וְאִוּ הֵי וְאִוּ הֵי יֵוֹד הֵא וֵאוּ הֵא

אֵל יהוה יֵאוּכֵלֵדֵפֵהֵהֵאֵאִיִאֵאִוֵיֵאֵוֵוֵדֵהֵהֵאֵא

וֵזִסִיןֵ קֵדִישׁ בְּרוֹב טוֹבֵךָ נֵהֵל עֵדֵתֵךָ

וֵזֵקֵבֵטֵנֵע יֵהֵוֵה יֵהֵוֵה

שֵׁמוֹעֵאֵל רֵעֵמֵיֵאֵל קֵנֵיֵאֵל

ר"ת שׁרקֵ

(הקבוץ מלאכיו בר"ת שׁורקֵ)

Dirección del escaneo ◄───

## ÁNGELES DEL DÍA

יום וו

VIERNES

יַוד הֵי וַיו הֵי יַוד הֵי וַאו הֵי

אל שׁדי יאולדפההיייאוודההיי

יוזיד גאה לעֹמֹך פֹנֹה זוכרי קְדושֹתך

יְגֵלְפֹזְק יְהֹוֹה יותֹוווֹהו

שׁוֹמוּשׁיוֹאוֹלוֹ רופואוֹלוֹ קֹוֹדושׁיוֹאוֹלוֹ

ר"ת שׁרק

← Dirección del escaneo

לֵיל שַׁבָּת

**VIERNES**
**TARDE DEL SHABAT**

יוּד הֵי וָאו הֵי

שׁוְעָתֵנוּ קַבֵּל וּשְׁמַע צַעֲקָתֵנוּ יוֹדֵעַ תַּעֲלוּמוֹת

שַׁקְוָצִית יְהֹוָה יֶהֱוֶה יְהֹוֶה

שִׁמְעִיאֵל בִּרְכִיאֵל אֲהַנִיאֵל

ר״ת שׁוא

סְמַטוּרְיָה גָּזְרִיאֵל וְעַנָּאֵל לְמוּאֵל

ר״ת סגול

צוּרִיאֵל רֹזִיאֵל יוֹפִיאֵל

ר״ת צירי

El Shabat tiene una energía adicional, por eso tenemos tres conexiones
separadas con los ángeles.

← Dirección del escaneo

ÁNGELES DEL DÍA

יוֹם שַׁבָּת

SÁBADO
MAÑANA DEL SHABAT

יוֹד הֵי וָיָו הֵי יַוַד הֵי וָיו הֵי

שׁוֹעָתֵנוּ קַבֵּל וּשְׁמַע צַעֲקָתֵנוּ יוֹדֵעַ תַּעֲלוּמוֹת

שַׁקְוֹצִית יְהֹוָה יֱהֹוִה יְהֹוָה

שְׁמִעְיָאל בְּרְכִיאֵל אֲהֲנִיאֵל

ר"ת שׁוֹא

קָדְמִיאֵל מַלְכִיאֵל צוּרִיאֵל

ר"ת קָמְץ

ÁNGELES DEL DÍA

מְנֻחֹת שַׁבָּת

SÁBADO
TARDE DEL SHABAT

יוֹד הֵא וָאוֹ הֵא יַוַד הֵא וָאַו הֵא

שׁוְעָתֵנוּ קַבֵּל וּשְׁמַע צַעֲקָתֵנוּ יוֹדֵעַ תַעֲלוּמוֹת

שַׁקֻוצִית יְהֹוָה יַהֲוַה יְהֹוָה יַהֲוָה

שְׁמָעִיאֵל בְּרָכִיאֵל אָהֲנִיאֵל

ר״ת שׁוֹא

פַּדְאֵל תַּלְמַיַּאֵל (תַּנֻמִיַּאֵל) וַזֹסְדִיאֵל

ר״ת פַּתֻוֹ

Dirección del escaneo

# 49. CÓMO CONECTARTE CON LOS ÁNGELES DE LA FELICIDAD

Podemos convocar a los ángeles de la felicidad, y hacer que se manifiesten pronunciando las letras arameas: Jet, Yud, Dálet, Vav, que se pronuncia 'Hidu'. Al repetir esta palabra en voz alta, atraemos una gran cantidad de ángeles a nuestra vida que nos brindarán sus bendiciones y su protección.

Cuando dices la palabra Hidu, atraes la energía brillante del reino palpable de los ángeles. Este nombre es una herramienta, la cual está a nuestra disposición para que la utilicemos cuando nos plazca, si queremos obtener amor, Luz, risa y curación.

La energía de esta palabra es poderosa y profunda, y está conectada directamente con los círculos más altos de Luz. Podemos ver cómo la Luz fluye en estas cuatro letras arameas וְ ד י ח. Éstas nos llenan de la Fuerza de Luz que emana de Dios y de nuestro universo reluciente.

La mejor forma de llamar a estos ángeles de la felicidad, es encontrar un lugar tranquilo en el que no te sientas observado. Después pronuncia la palabra Hidu, en voz alta. Cada letra realiza una conexión por ti, entrando en contacto con la Fuerza de Luz. Esta conexión directa con los ángeles conquista el tiempo, el espacio y las fuerzas de gravedad. Se dice que algunos kabbalistas pudieron elevarse cinco pulgadas desde el suelo con sólo repetir esta palabra.

Este es el poder de la risa y la felicidad. Esta es la energía que la ciencia afirma que puede curar. Cuando estamos contentos podemos elevarnos. El día parece desenvolverse sin esfuerzos. La lucha constante por adquirir, conservar, hacer que las cosas sucedan como queremos, parece de repente innecesaria. Cuando los ángeles nos respaldan, cuando nos conectamos con la Luz, todo lo que necesitamos aparece en nuestras vidas como por arte de magia, en el preciso momento en que lo necesitamos.

# 50. EL ANÁ BEJÓAJ: LA MEDITACIÓN DEL KABBALISTA

La oración llamada Aná Bejóaj o "La meditación del Kabbalista", es la más poderosa del universo: un satélite virtual conectado a una gran variedad de ángeles. Es una secuencia de letras arameas, que establece una conexión con los poderes primordiales de la Creación. En ocasiones, también se denomina "El nombre de Dios de 42 letras", ya que contiene siete líneas de seis palabras cada una, dando así un total de 42 palabras. Pero su denominación más común, es aquella que contiene sus dos primeras palabras: Aná Bejóaj.

Las 42 palabras de esta oración, nos otorgan la capacidad de conectarnos con los signos planetarios y del Zodíaco. Además, cada mes tiene un verso correspondiente en el Aná Bejóaj. Sus palabras también nos permiten conectarnos con la energía positiva de cada día, que envuelve nuestras vidas con energía sanadora y un campo de protección.

Las siete líneas corresponden a los siete días de la semana. Cuando recitamos la oración completa en voz alta diariamente (recomiendo hacerlo dos veces al día, de ser posible), meditamos específicamente en la línea asociada con el día de la semana en el que nos encontramos; de este modo damos poder a nuestro día con esa energía. La primera línea de la meditación nos conecta con el domingo, la segunda con el lunes y así sucesivamente hasta la última línea, que nos conecta con el sábado o Shabat.

# EL ANÁ BEJÓAJ

אבג יתץ                                    Domingo, Jésed  **❶** חסד, יום ראשון

אָנָּא בְּכֹחַ. גְּדוּלַת יְמִינֶךָ. תַּתִּיר צְרוּרָה:

| tserurá | tatir | yemineja | guedulat | bejóaj | aná |

**Meditación:** Poder de redención. Amor incondicional. Eliminamos la influencia negativa de la materia física de nuestras vidas. Nos conectamos con la realidad del Árbol de la Vida. Recordamos las lecciones de ayer.

קרע שטן                                    Lunes, Guevurá  **❷** גבורה, יום שני

קַבֵּל רִנַּת. עַמְּךָ שַׂגְּבֵנוּ. טַהֲרֵנוּ נוֹרָא:

| norá | tahareinu | sagvenu | ameja | rinat | kabel |

**Meditación:** Cerramos las puertas al Satán. Olvidamos todos los pensamientos limitados, y que nos limitan. Destruimos las influencias negativas a nivel de semilla, para evitar así que acaben sucediendo cosas malas. Superamos nuestra naturaleza reactiva. Transformamos el caos en milagros y maravillas.

נגד יכש                                    Martes, Tiféret  **❸** תפארת, יום שלישי

נָא גִבּוֹר. דּוֹרְשֵׁי יְחוּדְךָ. כְּבָבַת שָׁמְרֵם:

| shamrem | quevavat | yijudeja | dorshei | guibor | na |

**Meditación:** Conectamos con todas las formas de sustento, tanto físico como espiritual. Rejuvenecemos nuestro cuerpo. Eliminamos la muerte de todos los aspectos de nuestra vida, incluyendo el cuerpo, las relaciones y los negocios. Obtenemos ayuda para evitar el uso de palabras malvadas.

בטר צתג                                    Miércoles, Nétsaj  **❹** נצח, יום רביעי

בָּרְכֵם טַהֲרֵם. רַחֲמֵי צִדְקָתֶךָ. תָּמִיד גָּמְלֵם:

| gamlem | tamid | tsidkateja | rajamei | taharem | barjem |

**Meditación:** Perseveramos. Obtenemos la resistencia para continuar y salir victoriosos en nuestro trabajo espiritual.

←
Dirección del escaneo

חזקב טוע                                      **❺** הוד, יום חמישי   Jueves, Hod

## וָסִין  קָדוֹשׁ.  בְּרוֹב  טוּבְךָ.  נַהֵל  עֲדָתֶךָ:

adateja    nahel    tuvjá    berov    kadosh    jasín

**Meditación:**   Vemos el cuadro completo, y por lo tanto obtenemos un profundo entendimiento y clarividencia sobre cómo podemos conectarnos con la Luz y
traerla para nosotros mismos y para el mundo.

יגל פזך                                       **❻** יסוד, יום שישי   Viernes, Yesod

## יָחִיד  גֵּאֶה.  לְעַמְּךָ  פְּנֵה.  זוֹכְרֵי  קְדוּשָׁתֶךָ:

kedushateja    zojrei    pené    leamjá    gueé    yajid

**Meditación:**   Sentimos el deseo de iluminar a los demás. Traemos la espiritualidad al
mundo difundiendo la palabra de la Kabbalah. Encontramos paz y
tranquilidad interior.

שׁקו צית                                      **❼** מלכות, שבת   Sábado, Maljut

## שַׁוְעָתֵנוּ  קַבֵּל.  וּשְׁמַע  צַעֲקָתֵנוּ.  יוֹדֵעַ  תַּעֲלוּמוֹת:

taalumot    yodea    tsaakatenu    ushmá    kabel    shaavatenu

**Meditación:**   Obtenemos el poder de la renovación y la restauración.

## (בלחש)  בָּרוּךְ  שֵׁם  כְּבוֹד  מַלְכוּתוֹ,  לְעוֹלָם  וָעֶד:

vaed    leolam    maljutó    quevod    shem    baruj    (silenciosamente)

Dirección del escaneo

# 51. ¿PODEMOS EVADIR A LOS ÁNGELES?

Es posible que algunas veces no necesitemos la intervención angélical. Cuando nuestras oraciones son muy fervientes y la sinceridad de nuestra *kavaná* verdadera, nuestras súplicas pueden catapultarnos directamente hasta la Fuerza de Luz del Creador, pasando por alto toda la infraestructura de ángeles. Un antiguo texto describe este fenómeno de la siguiente manera:

> *"Hay momentos en que las puertas están abiertas y no necesitamos que los ángeles escolten nuestras oraciones: tenemos acceso directo al Creador. Esto ocurre cuando una persona en apuros grita en tono muy alto y sincero, de modo que se eleva por encima de Mijael y Gabriel, y llega directamente hasta el Creador".*

# 52. JACOBO LUCHÓ CONTRA UN ÁNGEL

Jacobo luchó contra un ángel.

Y la Kabbalah nos revela la verdadera identidad del ángel que luchó con Jacobo: es la suma de toda la energía negativa del universo.

Cuando Jacobo vence al ángel, lo desafía diciendo: "Te dejaré ir, si me dices tu nombre".

El ángel responde: "¿Por qué preguntas mi nombre?".

Esta parece una pregunta inocente, pero los kabbalistas ven que en su interior encierra un secreto para revelar el poder de la Fuerza de la Oscuridad, del llamado Oponente.

Cuando Jacobo exige saber el nombre del ángel, lo que quiere conocer en realidad, es su esencia. Está explorando la fuente de poder del ángel. ¿Por qué el Oponente puede dominar a las personas? Si Jacobo puede llegar a comprender la esencia del ángel—del Oponente—, podrá vencerlo.

El enunciado: "¿Por qué preguntas mi nombre?", es más que una pregunta, en realidad es su esencia. Revela el poder de la confusión, la capacidad de inspirar duda, el poder de hacer que las personas se cuestionen el sentido de intentar entender las cosas.

El combate de Jacobo contra el ángel, es nuestra lucha por despertarnos, por liberarnos de las garras del Oponente. A lo largo de la historia, cada vez que las personas han intentado pensar con claridad, la mayoría de las veces, el ángel las ha hecho caer en la sumisión.

Pero ahora sabemos su nombre: "¿Por qué preguntas mi nombre?".

# 4

# LA PROMESA DE LA
# INMORTALIDAD

# 53. ¿POR QUÉ MORIMOS?

Hay dos razones por las cuales morimos: o bien, hemos comple-
tado nuestro *Tikún* (nuestra corrección), y hemos cumplido el
propósito de nuestra alma en la Tierra, o bien, nuestro cuerpo ya
no puede realizar el propósito requerido por nuestra alma, y
debemos regresar más tarde para otra ronda.

Por supuesto, existe un ángel que decide si nuestra alma se va
y adónde se dirige. La decisión del ángel, se basa en el mérito
que hemos acumulado por nuestras acciones en la Tierra. Poco
a poco, nuestro comportamiento, nuestra conciencia, y nuestras
decisiones diarias, van dando forma a nuestro destino en este
gran juego de causa y efecto.

Los ángeles tienen una línea directa con Dios. Ellos lo ven todo.
Sin embargo, sorprendentemente, los hombres son más elevados que los ángeles. Nosotros desconocemos esta realidad
porque una vez que nacemos en el Mundo de las Preguntas, el
Ángel de la Muerte se pone en marcha, y comienza a trabajar
dentro de nosotros, intentando desviarnos lentamente hacia la
Inclinación al Mal. Pero si día a día vamos superando esta
energía negativa y nos transformamos, nuestras vidas respon-
den. Atraemos a personas que nos ayudan. Obtenemos protección y bendiciones.

Los ángeles pueden sanar, y nosotros, también tenemos el poder de ser sanadores. Cuando un ángel nos sana, lo que hace en realidad, es ayudarnos a curarnos a nosotros mismos. Él levanta la cortina para que veamos el lugar donde se encuentra la aflicción.

Los ángeles son inmortales, y nosotros tenemos ese mismo potencial.

# 54. CÓMO ENGAÑAR AL ÁNGEL DE LA MUERTE

Se dice que sólo unas pocas personas en la historia —Abraham, Isaac, Jacobo, Moisés, Aarón y Miriam— han tenido la fortaleza para combatir al Ángel de la Muerte en sus diversas apariencias. Y sólo Rav Shimón bar Yojái, el Kabbalista de los kabbalistas, el hombre a quien le fue revelado el *Zóhar*, logró controlarlo.

¿Cómo podemos nosotros, almas comunes, trabajar contra esta energía de la muerte?

- Transformando nuestra naturaleza de recibir en naturaleza de compartir, de efecto a causa.
- Conectándonos con la Luz a cada momento.
- Reconociendo que despertamos en el Mundo de las Preguntas todos los días, pero que debemos proyectar nuestra conciencia hacia el Mundo de las Respuestas.
- Reconociendo que cualquier riqueza que obtengamos, tanto material como en forma de plenitud, existe sólo con el propósito de compartir. El enriquecimiento nos da la oportunidad de trabajar por la Luz más que por nosotros mismos.

La caridad, *tzadaká* en hebreo, es una de las herramientas kabbalísticas más poderosas para luchar contra las maquinaciones de Satán. Pero *tzadaká* debe realizarse con la conciencia específica de compartir.

Desde el punto de vista kabbalístico, el dinero es energía. Si donamos dinero sin un interés personal, como es la expectativa de un agradecimiento o compensación, nos conectamos con el Mundo de las Respuestas. La forma más elevada de *tzadaká* es compartir anónimamente. En éste acto, el receptor no sabe que tú eres el donante y tú tampoco sabes quién lo recibe. Has dejado que un tercero se ocupe de que tu dinero se utilice para una causa noble, caridad u organización, y eso es todo. A partir de ahí, dejas que la Luz se ocupe de los demás. Este acto de compartir, propina un golpe certero y fatal a la muerte. La Kabbalah enseña que, en cierto sentido, somos lo que pensamos que somos. Este es el secreto de la conciencia y del beneficio de frustrar nuestro Deseo de Recibir Sólo para Sí Mismo. Si nos escapamos de las cadenas del ego, cuando el Ángel de la Muerte venga a castigarnos a nuestra tumba, no nos encontrará allí. ¡Ya nos habremos ido hace tiempo!

# 55. LA MUERTE DE LA MUERTE

La Cuarta Cámara del universo está reservada para las almas de las personas que no volverán a morir y a renacer. Aquellas almas han alcanzado Neshamá, el nivel más alto que un alma puede alcanzar. Ellas no experimentarán la muerte en absoluto.

¿No experimentarán la muerte en absoluto? ¿Qué significa esto?

El *Zóhar* enseña que cuando nos transformamos, el Ángel de la Muerte también se transforma: "Pasa de ser un ejecutor a ser nuestro sirviente".

La esencia de los ángeles vive en nuestro ADN. A través de nuestra transformación, podemos convertirnos en seres eternos, como ángeles con sus poderes sanadores. De ahí que la inmortalidad inspire tanto asombro. Nuestro ADN ha sido corrompido por nuestras acciones negativas, pero podemos hacer una corrección. La muerte es una condición que puede revertirse. Y hay algo aun más maravilloso: la generación en la que nos encontramos puede ser la que venza a la muerte. Aquí y ahora. Tenemos esta capacidad.

Cuando nos despojamos del Deseo de Recibir Sólo para Sí Mismo, liberamos chispas aprisionadas de Luz y las devolvemos al universo. Cuando una cantidad importante de estas chispas se reúna, la humanidad completa experimentará un cambio de paradigma. La energía de la muerte se eliminará, el caos desaparecerá, y lograremos la inmortalidad de los ángeles.

Así que ésta es la última lección que los ángeles tienen para darnos. A través de nuestra decisión de ser más como ellos, los ángeles de Dios pueden ayudarnos a obtener la inmortalidad. Y cuando logramos ser como los ángeles, nos damos cuenta de que nos hemos convertido en lo mejor que podemos llegar a ser.

### *Meditación de un kabbalista: El Nombre de Dios de 42 letras*

Según la antigua sabiduría de la Kabbalah, la poderosa meditación conocida como Aná Bejóaj invoca el Nombre de Dios de 42 letras, el cual te conecta con nada menos que la fuerza pura de la creación. Al realizar la conexión a través de esta Meditación, puedes dejar atrás el pasado y empezar de nuevo. Si recitas la Meditación de forma regular, serás capaz de utilizar la fuerza de la creación para crear milagros, tanto en tu vida privada como en el mundo. Este libro explica el significado detrás de las 42 letras y te brinda los pasos prácticos para establecer una conexión óptima con su poder.

### *El Poder de la Kabbalah*

Imagina tu vida llena de felicidad, propósito y alegría infinitos. Imagina tus días infundidos de puro conocimiento y energía. Este es *El poder de la Kabbalah*. Es el camino que te transporta del placer efímero, con el que la mayoría de nosotros nos conformamos, a la plenitud duradera que te mereces. Tus deseos más profundos están esperando ser cumplidos. Descubre cómo hacerlo en esta introducción básica a la antigua sabiduría de la Kabbalah.

## Kabbalah y Sexo: Y otros Misterios del Universo

El mundo está lleno de manuales de sexo que instruyen al lector acerca de los pormenores del buen sexo; sin embargo, éstos tienden a enfocarse en un solo aspecto: la mecánica física. Según la Kabbalah, la clave del buen sexo está en la conciencia de uno mismo, no simplemente en la técnica. El sexo, de acuerdo a la Kabbalah, es la forma más poderosa de experimentar la Luz del Creador. También es una de las formas más poderosas de transformar el mundo. Entonces, ¿por qué no tenemos siempre buen sexo en nuestras relaciones? ¿Por qué el acto sexual ha sido siempre ligado a la culpa, la vergüenza y el abuso? El libro Kabbalah y Sexo proporciona un sólido fundamento para entender los orígenes del sexo y su propósito, así como las herramientas prácticas kabbalísticas para encender tu vida sexual. Esta revolucionaria guía enseña cómo acceder a niveles más elevados de conexión —con nosotros mismos, nuestra pareja y con nuestro espíritu— y alcanzar la pasión sin fin, el placer profundo y la verdadera plenitud.

## Kabbalah y el amor

Este encantador y pequeño libro tiene un mensaje muy simple, y a la vez muy profundo: el amor no es algo que se aprende, sino una esencia que está en nuestro interior esperando ser revelada. Enterrado bajo capas de ego, miedo, vergüenza, baja autoestima y otras limitaciones, esta increíble y poderosa fuerza solo puede activarse cuando compartimos y servimos incondicionalmente. Solo entonces, las capas se destruirán y la esencia del amor se revelará. Este libro establece la distinción entre amor y necesidad, que es un producto egoísta del ego, y nos recuerda que no podemos amar a nadie más, hasta que podamos descubrir cómo amarnos a nosotros mismos y conectar con el amor que llevamos dentro.

### Reiniciando: Vencer la depresión con el poder de la Kabbalah

Aproximadamente unos 18 millones de personas en los Estados Unidos sufren de depresión, lo cual supone un 10% de la población total. Por eso es muy probable que en algún momento tú o alguien que conoces, haya sufrido sus consecuencias. Antidepresivos, terapia, hierbas…, son remedios que nos ayudan a tratar sus síntomas, pero a veces no son suficientes. ¡Si tan sólo pudieras apretar el botón de "Reinicio" y reparar así tu software interno! Ahora, en *Reiniciando*, el autor y célebre erudito de la Kabbalah, Yehudá Berg, nos muestra cómo podemos hacerlo reconectando con el deseo y la Luz para emerger de esta debilitadora oscuridad.

## The Living Kabbalah System En Español: Nivel 1

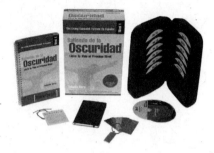

Lleva tu vida al próximo nivel con este sistema de 23 días que trans-
formará tu vida, y te llevará a alcanzar la satisfacción duradera.

Creado por Yehudá Berg, y basado en su creencia de que la
Kabbalah debe vivirse, no solo estudiarse, este sistema revolu-
cionario e interactivo, incorpora las más avanzadas estrategias de
aprendizaje y utiliza sus tres estilos:

- Auditivo (sesiones de audio grabadas).

- Visual (cuaderno de ejercicios con conceptos y gráficos).

- Táctil (ejercicios escritos, autoevaluaciones y
  herramientas físicas).

Su estuche resistente, hace que resulte un sistema fácil y práctico de
usar en el auto, en el gimnasio o en el avión. Aprende de los líderes
de la Kabbalah actuales, en una atmósfera íntima e individual de
aprendizaje. Obtendrás herramientas prácticas y aplicables, así
como ejercicios para integrar la sabiduría de la Kabbalah en tu vida
diaria. En sólo 23 días, puedes aprender a vivir con mayor intensi-
dad, tener más éxito en las relaciones y los negocios, así como alcanzar tus sueños. ¿Por qué esperar? Lleva tu vida al siguiente nivel
empezando hoy mismo.

## *Inmortalidad*
## Por Rav Berg

Este libro cambiará la forma en que percibes el mundo, si abordas su contenido con una mente y un corazón abiertos. La mayoría de las personas, entienden la vida al revés y temen y luchan contra lo que perciben como inevitable: el envejecimiento y la muerte. Pero según el gran Kabbalista Rav Berg y la antigua sabiduría de la Kabbalah, lo que es inevitable es la vida eterna. Con un cambio radical en nuestra conciencia cósmica, y la transformación de la conciencia colectiva que vendrá a continuación, podremos provocar la desaparición de la fuerza de la muerte de una vez por todas, en esta "vida".

### Dios usa lápiz labial
**Por Karen Berg**

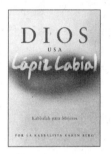

Durante miles de años, se prohibió a las mujeres estudiar la Kabbalah, la antigua fuente de sabiduría que explica quiénes somos, y cuál es nuestro propósito en el universo. Karen Berg lo cambió todo. Ella abrió las puertas del Centro de Kabbalah a todo aquel que quisiera aprender.

En *Dios usa lápiz labial*, Karen Berg comparte la sabiduría de la Kabbalah, específicamente, cómo te afecta a ti y a tus relaciones. También revela el lugar especial que ocupa la mujer en el universo, y por qué las mujeres tienen una ventaja espiritual sobre los hombres. Karen nos cuenta cómo encontrar a nuestra alma gemela, y nuestro propósito en la vida, así como ayudarnos a convertirnos en mejores seres humanos.

### El secreto: Revelando la fuente de la alegría y la plenitud
**Por Michael Berg**

*El secreto* revela la esencia de la vida en su forma más concisa y poderosa. Muchos años antes del reciente fenómeno de "El Secreto", Michael Berg compartió las asombrosas verdades de la sabiduría espiritual más antigua del mundo en este libro. En este, Michael ha unido las piezas de un antiguo rompecabezas para mostrarnos que, nuestro entendimiento común del propósito de la vida, está equivocado, y que al corregir este malentendido, podemos cambiar todo lo que no sea alegría y plenitud total.

## Los Secretos del Zóhar: Relatos y meditaciones para despertar el corazón
## Por Michael Berg

Los Secretos del *Zóhar* son los secretos de la Biblia, trasmitidos como tradición oral y luego recopilados como un texto sagrado que permaneció oculto durante miles de años. Estos secretos nunca han sido revelados como en estas páginas, en las cuales se descifran los códigos ocultos tras las mejores historias de los antiguos sabios, y se ofrece una meditación especial para cada uno de ellos. En este libro, se presentan porciones enteras del *Zóhar* con su traducción al arameo y al inglés en columnas contiguas. Esto te permite escanear y leer el texto en alto para poder extraer toda la energía del *Zóhar,* y alcanzar la transformación espiritual. ¡Abre este libro y tu corazón a la Luz del *Zóhar*!

## Las ruedas del alma
## Por Rav Berg

En *Las Ruedas del alma*, el Kabbalista Rav Berg nos explica por qué debemos aceptar y explorar las vidas que ya hemos vivido para poder comprender nuestra vida actual. No te equivoques: ya has estado aquí antes. Así como la ciencia está comenzando a reconocer que el tiempo y el espacio podrían no ser más que ilusiones, el Rav Berg nos muestra por qué la muerte en sí misma es la ilusión más grande de todas.

# EL CENTRO DE KABBALAH

**¿Qué es la Kabbalah?**

La Kabbalah es el compendio más antiguo de sabiduría espiritual que contiene las claves de los secretos del universo y los misterios del corazón y el alma humanas. Es un sistema práctico, que te permite entender el propósito de tu existencia en la Tierra, y experimentar la alegría que viniste aquí a vivir. De hecho, esto es lo que significa la Kabbalah: recibir, obtener.

La Kabbalah enseña que para obtener los dones que fuiste creado para recibir, necesitas ganártelos llevando a cabo tu trabajo espiritual: el proceso de transformarte a ti mismo a medida que sales de la oscuridad y entras en la Luz. Al ayudarte a reconocer las fuentes de negatividad en tu mente y tu corazón, la Kabbalah te brinda las herramientas para un cambio positivo.

Las enseñanzas kabbalísticas explican las complejidades del universo material e inmaterial, y la naturaleza física y metafísica de toda la humanidad.

Moisés, Pitágoras y Sir Isaac Newton son algunas de las personas que estudiaron la Kabbalah para entender las leyes espirituales del universo y sus efectos sobre el mundo físico.

La Kabbalah existe para ser utilizada, no solo aprendida. Puede ayudarte a eliminar el caos, el dolor y el sufrimiento de tu vida y brindarte claridad, entendimiento y libertad.

## ¿Quién puede estudiarla?

En la actualidad, millones de personas de todas las creencias han descubierto esta sabiduría y han experimentado los poderosos efectos de estudiar la Kabbalah. ¿Cómo podría ser de otra forma? La Kabbalah funciona. Cuando la sabiduría y las herramientas prácticas de la Kabbalah se aplican en la vida, el resultado son experiencias positivas. Además, la Kabbalah puede enriquecer la práctica de cualquier religión.

## ¿Qué es el Centro de Kabbalah?

El Centro de Kabbalah es una organización espiritual dedicada a traer la sabiduría de la Kabbalah al mundo. El Centro de Kabbalah ha existido como tal desde hace más de 80 años, pero su linaje espiritual se extiende hasta Rav Isaac Luria en el siglo XVI y más atrás, hasta Rav Shimón bar Yojái, quien reveló el *Zóhar*, el texto principal de la Kabbalah, hace más de 2.000 años.

El Centro de Kabbalah fue fundado en 1922 por Rav Yehudá Áshlag, uno de los más grandes Kabbalistas del siglo XX. Cuando Rav Áshlag dejó este mundo, el liderazgo del Centro fue asumido por Rav Yehudá Brandwein. Antes de su fallecimiento, Rav Brandwein designó a Rav Berg como director de El Centro de Kabbalah. Durante más de 30 años, El Centro de Kabbalah ha estado bajo la dirección del Rav Berg, su mujer Karen Berg y sus hijos, Yehudá Berg y Michael Berg.

Aunque hay muchos estudios de la Kabbalah, El Centro de Kabbalah no enseña la Kabbalah como una disciplina académica, sino como una forma de crear una vida mejor. La misión de El Centro de Kabbalah es hacer que las herramientas prácticas y las enseñanzas espirituales de la Kabbalah estén disponibles para todo el mundo, sea cual sea su religión, raza, género o edad.

El Centro de Kabbalah no hace ninguna promesa. Pero si las personas están dispuestas a trabajar duro y convertirse activamente en individuos tolerantes que comparten y se ocupan de los demás, la Kabbalah afirma que experimentarán la plenitud y la felicidad que es su verdadero destino.

La Kabbalah enseña a sus estudiantes a cuestionarse y a poner a prueba todo lo que aprenden. Una de las enseñanzas más importantes de la Kabbalah es que no hay coerción en la espiritualidad.

### ¿Qué ofrece El Centro de Kabbalah?

Los Centros de Kabbalah locales de todo el mundo ofrecen charlas, clases, grupos de estudio, celebraciones de festividades y servicios, además de una comunidad de profesores y compañeros estudiantes. Para encontrar tu Centro más cercano, visita www.kabbalah.com/espanol.

Para aquellos de ustedes que no puedan acceder a un Centro de Kabbalah físico debido a restricciones geográficas o de tiempo, les ofrecemos otras formas de participar en la comunidad de El Centro de Kabbalah.

En www.kabbalah.com/espanol te ofrecemos blogs, boletines, sabiduría semanal, tienda online y mucho más. Es una forma estupenda de estar informado y en contacto, además de brindarte acceso a programas que expandirán tu mente y te retarán a continuar tu trabajo espiritual.

### Ayuda al estudiante

El Centro de Kabbalah da poder a las personas para que asuman la responsabilidad de sus propias vidas. Se trata de las enseñanzas, no de los profesores. Pero en tu viaje hacia el crecimiento personal, las cosas pueden ser confusas y a veces difíciles, y por eso resulta de gran ayuda tener un profesor. Simplemente llama al número gratuito 1-800-kabbalah si llamas desde los Estados Unidos.

Si te encuentras fuera de los Estados Unidos, puedes llamar a nuestros números de acceso gratuitos en español, en los cuales serás atendido por instructores hispano parlantes:

| PAÍS | NÚMERO |
| --- | --- |
| Argentina | 0800 333 0393 |
| Bolivia | 800 10 0345 |
| Brasil | 0800 761 2954 |
| Chile | 800 730 044 |
| Colombia | 01 800 700 1634 |
| Costa Rica | 0800 054 2022 |
| Ecuador | 01 800 1010 85 |
| El Salvador | 800 0000 0014 |
| España | 800 099 993 |
| México | 01 800 800 1685 |
| Panamá | 00800 054 1126 |
| Perú | 0800 521 99 |
| Puerto Rico | 1866 411 2024 |
| Uruguay | 0004054 347 |
| Venezuela | 0800 100 5629 |
| Islas Vírgenes | 1866 411 2024 |

Todos los instructores de Ayuda al estudiante han estudiado la Kabbalah bajo la supervisión directa del Rav Berg, ampliamente reconocido como el kabbalista más relevante de nuestros tiempos.

También te ofrecemos la oportunidad de que interactúes con otros estudiantes de Ayuda al estudiante a través de grupos de estudio, conexiones mensuales, retiros de festividades y otros eventos que se llevan a cabo por todo el país.

# EL ZÓHAR

Compuesto hace más de 2.000 años, el *Zóhar* es una colección de 23 libros basados en el comentario de asuntos bíblicos y espirituales en forma de diálogos entre maestros espirituales. Sin embargo, describir el *Zóhar* solamente en términos físicos es engañoso. En realidad, el *Zóhar* nada menos que una herramienta poderosa para lograr el propósito más importante de nuestras vidas. El Creador lo entregó a la humanidad para brindarnos protección, para conectarnos con su Luz y para lograr nuestro derecho innato, que es la verdadera transformación espiritual.

Hace 80 años, cuando se fundó el Centro de Kabbalah, el *Zóhar* había desaparecido virtualmente del mundo. Pocas personas de la población general habían escuchado hablar sobre él. Todo aquel que quisiese leerlo (en cualquier país, idioma y a cualquier precio) se enfrentaba a una ardua e inútil búsqueda.

Hoy en día, todo esto ha cambiado. Gracias al trabajo del Centro de Kabbalah y al esfuerzo editorial de Michael Berg, el *Zóhar* se está transmitiendo al mundo no sólo en su idioma original, el arameo, sino también en inglés. El nuevo *Zóhar* en inglés proporciona todo lo necesario para conectarse con este texto sagrado en todos los niveles: el texto original en arameo para el 'escaneo', la traducción al inglés y los comentarios claros y concisos para su estudio y aprendizaje.

Además, el Centro de Kabbalah se ha embarcado en la tarea de traducir el *Zóhar* al español. En este momento hay varios volúmenes disponibles y estamos en el proceso de traducirlo en su totalidad.

זֶה הָאִיס מַרְעִיס הָאָרֶץ מַרְגִּיז בַּמַלְכוּת, כַּמָּה פָּטְרִין
בִּרְקִיעָא מִשְׁתַּכְּחִין בְּיוֹמָא דֵין בְּגִינָךְ, דְּנָא רַעֲב"י,
דְּמָארֵיהּ מִשְׁתַּבַּח בֵּיהּ בְּכָל יוֹמָא. זַכָּאָה חוּלָקֵיהּ
לְעֵילָא וְתַתָּא. כַּמָּה גְּנִיזִין עִלָּאִין מִסְתַּמְרָן לֵיהּ,
עֲלֵיהּ אִתְמַר וְאַתָּה לֵךְ לַקֵּץ וְתָנוּחַ וְתַעֲמוֹד לְגוֹרָלְךָ
לְקֵץ הַיָּמִין.

Donado por:

Michel Adda
Montserrat Adda
Inbal Adda
Natasha Adda
Uriel Adda